Autor _ SADE
Título _ DISCURSOS ÍMPIOS

Copyright — Hedra 2007
Tradução© — Plínio Augusto Coelho
Corpo editorial — Adriano Scatolin,
Alexandre B. de Souza,
Bruno Costa, Caio Gagliardi,
Fábio Mantegari, Felipe C. Pedro,
Iuri Pereira, Jorge Sallum,
Oliver Tolle, Ricardo Musse,
Ricardo Valle

Dados —

Dados Internacionais de Catalogação na Publicação (C

Sade (1740–1814)

Discursos ímpios./ Sade. Tradução de Plínio
Augusto Côelho. Introdução de Eduardo
Valadares. – São Paulo: Hedra, 2007. 104 p.

ISBN 978-85-7715-048-9

1. Literatura Francesa. 2. Contos. 3. França.
4. Relações Sociais. 5. Erotismo. I. Título.
II. Sade, Donatien Alphonse François de
(1740 – 1814). III. Marquês de Sade (1740 –
1814). IV. Côelho, Plínio Augusto, Tradutor.
V. Valadares, Eduardo.

CDU 840
CDD 840

Elaborado por Wanda Lucia Schmidt CRB-8-1922

Direitos reservados em língua
portuguesa somente para o Brasil

EDITORA HEDRA LTDA.

Endereço —
R. Fradique Coutinho, 1139 (subsolo)
05416-011 São Paulo SP Brasil
Telefone/Fax — +55 11 3097 8304
E-mail — editora@hedra.com.br
Site — www.hedra.com.br
Foi feito o depósito legal.

Autor _ SADE
Título _ DISCURSOS ÍMPIOS
Tradução _ PLÍNIO AUGUSTO COELHO
Introdução _ EDUARDO VALADARES
São Paulo _ 2013

hedra

Donatien Alphonse François de Sade (Paris, 1740–Charenton-Saint-Maurice, 1814), mais conhecido como Marquês de Sade, foi escritor, filósofo e talvez o mais comentado (e odiado) libertino de sua época. Perseguido por suas ideias e atos de devassidão, tanto pelo Antigo Regime como pelos revolucionários pós 1789, Sade passou nada menos que 27 anos de sua vida em prisões e hospícios. Filho único de uma influente família aristocrática, ingressa aos 10 anos no Colégio Louis-Le-Grand, dirigido por jesuítas, de onde segue quatro anos depois para a Escola de Cavalaria Ligeira, destinada apenas aos filhos da nobreza. Aos 23, logo após casamento arranjado com Renée-Pélagie Montreuil, é detido pela primeira vez, por quinze dias, acusado de atos libidinosos e blasfêmia. Sua obra, que lhe marcaria para sempre com o estigma da crueldade, da perversidade e de um ateísmo renitente, foi quase toda ela escrita nesses longos períodos de encarceramento. Reabilitado no século XIX, graças ao empenho de Guillaume Apollinaire, que o libertou do "inferno" da Biblioteca Nacional da França — seção onde ficavam os autores proibidos e banidos —, foi objeto de estudo de vários intelectuais e escritores no século XX, como Jean Paulhan, Jean Cocteau, Barthes, Simone de Beauvoir, Pierre Klossowski, entre muitos outros.

Discursos ímpios reúne excertos de três das mais importantes obras de Sade: *A nova Justine*, *A história de Juliette*, e *A filosofia na alcova*, o texto integral de *Diálogo entre um padre e um moribundo*, e um fragmento de seu *Caderno de notas*. Os textos aqui selecionados abrangem os principais temas sadeanos: o ateísmo, o triunfo do vício sobre a virtude, e a educação libertina.

Plínio Augusto Coelho fundou em 1984 a Novos Tempos Editora, em Brasília, dedicada à publicação de obras libertárias. A partir de 1989, transfere-se para São Paulo, onde cria a Editora Imaginário, mantendo a mesma linha de publicações. É idealizador e cofundador do IEL (Instituto de Estudos Libertários).

Eduardo Valadares é doutor em História Social, bacharel em Filosofia e em História pela Universidade de São Paulo. Autor do livro *Anarquismo e anticlericalismo*, Editora Imaginário (2000) e coautor de *Revoluções do século* XX, Editora Scipione (1995).

SUMÁRIO

Introdução, por Eduardo Valadares 9

DISCURSOS ÍMPIOS **19**
Cadernos pessoais 21
A filosofia na alcova 27
Diálogo entre um padre e um moribundo 43
A nova justine 57
História de Juliette 73

INTRODUÇÃO

> Tudo permite a natureza, por suas leis assassinas:
> O incesto e o estupro, o furto e o parricídio,
> Todos os prazeres de Sodoma, os jogos lésbicos de Safo,
> Tudo aquilo que destrói e envia os homens para o túmulo.
>
> (Sade, *A verdade*, 1787)

SADE: UM MARQUÊS ANTICLERICAL

Donatien Alphonse François de Sade (1740–1814) — conde e marquês de Sade — passou os últimos onze anos de sua vida internado num hospício, acusado de ter uma "imaginação demente sem rival". Mas esse foi apenas um entre os vários locais de isolamento do convívio social por onde passou um dos personagens mais intrigantes de seu tempo. No total, ficou 27 anos em prisões ou em hospícios e recebeu duas sentenças de morte, que foram evitadas. Os motivos para tantos encarceramentos foram a vida escandalosa que levou e os seus audaciosos textos que, ao explorarem até o limite extremo a sexualidade, foram rotulados como "ofensivos à natureza" e de "devassidão excessiva". Após a morte, o seu nome se tornou sinônimo de crueldade, violência e obscenidade. Na psicopatologia, a expressão sadismo foi utilizada para definir uma forma de crueldade que era primariamente erótica.

Todavia, considerar a obra de marquês de Sade como uma mera transgressão sexual, um caso patológico, é

INTRODUÇÃO

um grande equívoco. Essa é uma crítica de viés moralista, além de ser uma visão reducionista e superficial. Sade incomodava — como continua incomodando até hoje — não porque fosse um depravado, mas porque subvertia a hierarquia dos discursos. Os tiranos, os insanos, aqueles que se colocam acima do bem e do mal o fascinavam. Em várias ocasiões, alegou que era impossível estabelecer qualquer padrão universal de moralidade, já que o que era considerado virtuoso em uma parte do mundo poderia ser abominável em outra. Na sua obra defendeu um comportamento humano alternativo, apresentando um mundo no qual não existiriam leis superiores às leis da natureza. Tanto a religião como a moralidade não passavam de superstições que deveriam ser abandonadas, pelo fato de não terem as convenções humanas a menor importância. O que se considera como crime e virtude são, na verdade, meros processos da natureza.

A concepção de otimismo e de bondade encontrada no estado de natureza — presente, por exemplo, em Rousseau — era refutada por Sade. Segundo ele, a natureza nos levou para o estado de guerra e destruição perpétuas. A primeira lei da natureza só pode ser o egoísmo, a própria satisfação. Em função disso, justificava a ideia de que a crueldade não era um vício que merecesse ser combatido, mas sim a "energia que a civilização ainda não corrompeu". Ainda mais do que isso, fazia rasgados elogios à crueldade e afirmava que a dor alheia era o mais eficiente caminho para o prazer, despertando a nossa volúpia.

Sade estava disposto a demolir os obstáculos que a moral vigente impunha ao pleno exercício da libertinagem. O universo sadeano é dominado pela destruição, orgias, assassinato, adultério, estupro, incesto, sodomia, parricídio, lesbianismo e homossexualismo, cenas de flagelação. Através de vários de seus personagens, advogou que a prostituição universal estava de acordo com as leis da natureza. Em suma, práticas sexuais insólitas de todos os tipos eram meios legítimos para atingir, o que foi considerada por muitos, uma visão bizarra do futuro — um mundo caótico de prazeres, sem Deus e qualquer justificação racional de moralidade.

Para Sade, não havia esperança alguma para a humanidade. A extinção da espécie era considerada inevitável, devido ao poder autodestrutivo dos homens, e não havia sequer motivos para se lamentar tal fato. A satisfação de todos os caprichos imagináveis, através do mais amplo delírio erótico, era o único consolo antes da destruição terminal da raça humana.

Desde o início da juventude, Sade demonstrou uma avidez erótica incomum e profundo tédio pelas aventuras sexuais rotineiras. Dotado de grande capacidade inventiva e despojado de qualquer objeção moral descreveu todas as formas concebíveis de relações sexuais e praticou muitas delas. Até mesmo para uma época caracterizada pela esbórnia, onde a lealdade aos comportamentos morais rígidos estava totalmente fora de moda, às vezes, a personalidade delirante do marquês chocava.

O próprio marquês de Sade se regozijava de suas extravagâncias sexuais, algumas reais e outras inventadas.

O gozo dos deleites sexuais nem sempre foi marcado pela discrição minimamente exigida na época. Muitas delas caíram no domínio público, devido às constantes queixas de prostitutas e amantes ou pela investigação de chefes de polícia um pouco mais zelosos. A fama das orgias promovidas pelo marquês propagou-se pela

INTRODUÇÃO

França e, em seguida, por toda a Europa, tornando-se um escândalo público.

Mas, apesar do deboche escancarado e das blasfêmias mal dissimuladas, é possível afirmar que a maioria dos encarceramentos e condenações de Sade foram consequência de perseguições de parentes, principalmente da sogra, e do cinismo das autoridades que procuravam refrear os deslizes exercidos por muitos membros das elites, para que pelo menos eles fossem feitos de maneira mais discreta. É bom lembrar que sob a lei francesa a prática da sodomia — uma das variações prediletas do marquês bissexual — deveria ser punida com a pena de morte na fogueira. Porém, a possibilidade de organizar uma reforma moral ampla era remota. O próprio rei e muitos outros honoráveis membros da aristocracia teriam de arder no fogo ou serem encarcerados por desrespeito às leis.

Os anos do marquês de Sade foram marcados por transformações agudas. O Antigo Regime desmoronou, o que significou profundos abalos para a religião católica. Não foram apenas as cabeças coroadas e bem nascidas que se amontoaram nas caçambas ao pé das guilhotinas. O Estado absolutista e a Igreja, que estiveram unidos durante os anos de glória dos monarcas, sofreram juntos. A queda de um acabou por envolver o que parecia ser a derrocada do outro.

O barrete tricolor nas ruas e a afiada guilhotina colocaram em prática a crítica cortante dos filósofos de matizes radicais. A Revolução Francesa, ao colocar em movimento enormes forças e insatisfações há muito represadas, pôs em discussão a relação da Igreja com o novo Estado. Uma parte do clero, sentindo-se ameaçada, engrossou as fileiras da contrarrevolução e da reação. Não se pode esquecer que o alto clero era praticamente um ramo da nobreza. As autoridades eclesiásticas em Roma tiveram dificuldade em compreender a importância do movimento revolucionário. A resposta frente às primeiras notícias foi encarar os acontecimentos como um ataque de loucura coletivo, o domínio momentâneo do mal gerando explosões de irreligiosidade. A chegada das primeiras levas de emigrados, com suas visões envenenadas pelas humilhações, não contribuiu para que o papa Pio VI tivesse clareza da real dimensão da situação francesa. Os temores de ambos fizeram com que a antiga aliança entre a aristocracia e o episcopado fosse reforçada. Desde o início, a Santa Sé se identificou com a coligação dos países que se opuseram à Revolução. O clero conservador sempre viu a Revolução Francesa como um de seus maiores inimigos, responsabilizando-a pela perda de seus privilégios e pela diminuição de sua participação na condução dos assuntos terrenos. O que de fato foi verdade. A partir da Revolução, o declínio do poder da Igreja e da interpretação religiosa do mundo começou a ser mais visível. Esse foi um período em que inegavelmente Deus perdeu prestígio, em particular, nos setores mais intelectualizados. A teologia cedeu cada vez mais espaço para a ciência ou para o discurso filosófico. A decadência do poder das crenças e instituições religiosas correspondeu ao aumento do pensamento secular e dos governantes do Estado-nação. Contudo, apesar dos vigorosos golpes desferidos contra a Igreja pela Revolução Francesa, não se deve superestimar a perda de influência do catolicismo durante a vida de Sade. Já durante o período napoleônico, os padres recuperaram muitos dos seus privilégios e parte de seu antigo espaço público. O desbotamento só se tornaria mais nítido na segunda me-

INTRODUÇÃO

tade do século XIX e no início do século seguinte. Na época de Sade, os sinos das igrejas ainda reverberavam convites aceitos pelas grandes massas, que continuavam se acotovelando debaixo das abóbadas e escutando compungidas as cotidianas orações. As imagens e relicários ainda possuíam o dom de erradicar as calamidades e as pestes. Até aqueles que tinham levado uma vida devassa e abjurado a todos os princípios sagrados se reconciliavam com a fé ao pressentir a proximidade da morte — o que não foi o caso do marquês de Sade.

O anticlericalismo estava acentuadamente presente nas obras de Sade, que eram dotadas de um aguçado espírito crítico e visceralmente contrárias aos grilhões das ortodoxias religiosas e morais. Ao rejeitar a crença numa ordem divina, Sade assumiu uma postura favorável ao materialismo ateu. Além de atacar com extremo vigor as superstições da religião, tinha especial predileção por demonstrar escárnio pelo papa e pelos demais membros da Igreja. Ao espicaçar a Igreja, com suas graçolas e diatribes, contribuiu para o enfraquecimento da moral de cunho teológico. Dessa maneira, ajudou a demarcar um momento em que a obediência religiosa deixou de ser sagrada e indiscutível.

Sade, assim como outros escritores e artistas contemporâneos, utilizou-se da pornografia para criticar e contestar hábitos sociais. As cenas eróticas eram utilizadas para fazer tanto uma exaltação dos prazeres do corpo, como uma ácida crítica social. A imagem ridicularizada de corpos de padres, monges e freiras em cópula era quase obrigatória. Os conventos e internatos eram descritos como centros de depravação e perfídia, refúgio de mulherengos, jogadores, bêbados e depravados de todos os tipos. O discurso libertino de Sade é tão embebido em irreligiosidade, que às vezes parece estar mais preocupado em detonar o clero do que em proferir obscenidades.

A inspiração para escrachar com o comportamento tão mundano por parte do clero pode ser encontrado em membros de sua própria família. Durante parte de sua infância, ficou aos cuidados do abade de Sade, irmão mais novo de seu pai. Anos depois, o abade, que havia ascendido na hierarquia eclesiástica, tornando-se vigário-geral de Narbonne e Toulouse, foi parar na prisão por cometer atos de torpe devassidão. Uma batida policial a um bordel, em 1762, encontrou o abade numa situação bastante comprometedora em companhia de duas profissionais. O fato custou ao tio de Sade um pequeno período na prisão, mas não atrapalhou em nada a sua carreira eclesiástica, como era comum na época.

Ao romper com as dicotomias vício-virtude, moral-imoral, certo-errado, Sade achincalhou o poder despótico e combateu a moral esclerosada. Porém, não se deve exagerar o alcance de tais ataques. Sade estava muito longe de ser um ardoroso revolucionário político, ou até mesmo um herói solitário em luta contra as forças da opressão. Pelo contrário, acreditava que os revolucionários, independente de suas propaladas intenções, buscavam apenas o poder porque invejavam os tiranos que ocupavam o trono. Durante a Revolução Francesa, o marquês se viu transformado em cidadão Sade e conseguiu habilmente — talvez o termo mais apropriado seja *cinicamente* — fazer parte até de alguns organismos revolucionários, chegando inclusive a escrever panfletos pregando a democracia. Porém, apesar de toda essa prudência, teve, assim como milhares de outros nobres, as propriedades da família saqueadas e expropriadas. Foi

INTRODUÇÃO

agraciado, contudo, com mais sorte do que muito dos seus pares: condenado à guilhotina, conseguiu escapar à punição. Sade também não tinha a menor vocação para mártir altruísta. O seu bem-estar era a sua prioridade maior e seguidas vezes humilhou-se em súplicas junto às autoridades para tentar melhorar a sua situação ou se livrar de condenações.

A vida e a obra literária polêmicas de Sade, desde o século XVIII até hoje, dividem opiniões. Para alguns, foi um dos autores mais ousados da literatura moderna, capaz de revelar os anseios mais sombrios da alma humana; para outros, não passa de um personagem execrável e cujos livros, de tão vis, devem ser esquecidos.

Em virtude de tão múltiplo caráter, até mesmo o nítido anticlericalismo de Sade conseguiu confundir alguns. Gustave Flaubert (1821–1880) considerou Sade um típico escritor ultracatólico, alegando que a descrição obsessiva do vício tinha como único objetivo tornar a religião e a virtude mais dignas e mostrar que não existe nenhum outro caminho possível para os homens. Claro que tal interpretação nunca foi compartilhada pela maioria dos estudiosos, sendo considerada heterodoxa em demasia.

A personalidade multifacetada de Sade impede entretanto julgamentos peremptórios. Em alguns momentos, mostrava-se um entusiasta da subversão à ordem estabelecida, em outros, ciente da sua origem aristocrática, defendia os privilégios que acreditava serem inerentes à sua posição. Sade era capaz de escarnecer com o que denominava tolices supersticiosas da Igreja e, no momento seguinte, ir piedosamente a missa e orar com aparente fervor. Os escritos, assim como sua vida, são muito mais imaginativos do que sistemáticos. Por isso, tentar extrair uma certa coerência lógica numa existência tão caracterizada pela contradição é algo temerário.

DISCURSOS ÍMPIOS

Na noite de 3 de julho de 1789, Sade é transferido às pressas da Bastilha para o asilo de Charenton, onde passa seus últimos anos de vida. É lá que ele inicia a redação de seus *Cadernos pessoais*, misto de textos de ocasião, reflexões pessoais, notas e esboços de personagens e obras que pretendia escrever. Foram publicados pela primeira vez na década de 1950 na edição de suas obras completas, a cargo de Jean-Jacques Pauvert. Além de revelarem a metodologia do autor, essas anotações nos dão um panorama da atividade criadora de um escritor que pediu em seu testamento: "que os traços de meu túmulo desapareçam da face da Terra, pois orgulho-me de que minha memória será apagada da mente dos homens".

CADERNOS PESSOAIS

Ser quimérico e vão cujo nome foi bastante para fazer correr mais sangue sobre a superfície do globo do que nenhuma guerra política jamais o fará, possas tu retornar ao nada do qual a louca esperança dos homens e seu ridículo pavor ousaram infelizmente te tirar! Apareceste apenas para o suplício da espécie humana. Quantos crimes poupados sobre a terra, se se tivesse degolado o primeiro imbecil que ousou falar de ti! Mostra-te, portanto, se existes; sobretudo, não suportes que uma débil criatura ouse te insultar, desafiar, ultrajar como o faço, que ela ouse renegar tuas maravilhas e rir de tua existência, vil fabricante de pretensos milagres! Faz ao menos um para provar-nos que existes; mostra-te, não em uma sarça de fogo, como dizem que apareceste ao bom Moisés, não sobre uma montanha, como te mostrastes ao vil leproso que se dizia teu filho, mas junto ao astro do qual tu te serves para iluminar os homens: que tua mão a seus olhos pareça guiá-lo; esse ato universal, decisivo, não deve custar-te mais que todos os prestígios ocultos que operas, segundo dizem, todos os dias. Tua glória interessa a este aqui; ousa fazê-lo, ou cessa de surpreender-te com que todos os bons espíritos rejeitem teu poder e se subtraiam a teus pretensos impulsos, às fábulas, em uma palavra, que divulgam de ti aqueles que engordam como porcos a nos pregar tua fastidiosa existência e que, tais como esses sacerdotes do paganismo nutridos das vítimas imoladas nos altares, só exaltam seu ídolo para multiplicar os holocaustos.

Eis-vos, padres do falso deus que Fénelon cantou; vós estáveis, naqueles tempos, contentes de excitar na penumbra os cidadãos à revolta; malgrado o horror que a Igreja disse ter pelo sangue, à frente dos frenéticos que vertiam aquele de vossos compatriotas, subíeis nas árvores para dirigir vossos golpes com menos perigo. Tal era, então, a única maneira pela qual pregáveis a doutrina do Cristo, deus de paz; todavia, desde que vos cobrem de ouro para servi-lo, bem contentes de não ter mais de arriscar vossos dias por sua causa, é agora por baixezas e sofismas que defendeis sua quimera. Ah! Possa ela esvanecer convosco para sempre, e que nunca mais as palavras Deus e religião sejam pronunciadas! E os homens pacíficos, não tendo mais de ocupar-se com sua felicidade, sentirão que a moral que a estabelece não necessita de fábulas para sustentá-la, e que, enfim, desonrar e estigmatizar todas as virtudes é arquitetá-las sobre os altares de um Deus ridículo e vão, que o exame mais superficial da razão pulveriza assim que ela o examina.

Esvanece, portanto, desprezível quimera! Retorna às trevas de onde surgiste; não vem mais macular a memória dos homens; que teu nome execrado só seja pronunciado ao lado da blasfêmia, e que ele seja entregue ao último suplício, o pérfido impostor que gostaria, no futuro, de reedificar-te sobre a terra! Sobretudo, não faz mais fremir de contentamento nem gritar de alegria os bispos bem carnudos de cem mil libras de rendas: esse milagre não valeria aquele que te proponho, e se deves nos mostrar um, que ele seja ao menos digno de tua glória. E por que então ocultar-te daqueles que te desejam? Receias apavorá-los, ou temerias assim sua vingança? Ah! Monstro, como a merecerias! Valeu a pena, com efeito, criá-los para mergulhá-los, como o fazes, em um abismo de desgraças? É, então, por atrocidades que deves mostrar tua força, e tua mão que os esmaga? Não deve ser ela amaldiçoada por eles, execrável fantasma? Tens razão de te ocultares! As imprecações choveriam sobre ti, se alguma vez tua face hedionda aparecesse aos homens; os infelizes, revoltados com o trabalho, logo pulverizariam o artífice!

Débeis e absurdos mortais que o erro e o fanatismo cegam, retomai das perigosas ilusões onde a superstição tonsurada mergulha-vos, refleti no poderoso interesse que ela tem de oferecer-vos um Deus, supostamente dotado de um poder que tais mentiras lhe dão sobre vossos bens e espíritos, e vereis que tais escroques deveriam anunciar apenas uma quimera, e, inversamente, que um fantasma tão degradante só podia ser precedido por bandidos. Se vosso coração precisa de um culto, que ele o tribute aos palpáveis objetos de suas paixões: algo de real vos satisfará, ao menos nessa homenagem natural. Todavia, o que experimentais após duas ou três horas de misticidade deifica? Um frio nada, um vazio abominável que, nada tendo fornecido aos vossos sentidos, deixa-os necessariamente no mesmo estado que se tivésseis adorado sonhos e sombras!... E, com efeito, como nossos sentidos materiais podem ligar-se a outra coisa senão à mesma essência da qual eles são formados? E vossos adoradores de Deus, com sua frívola espiritualidade que nada realiza, não se assemelham todos a Dom Quixote tomando moinhos por gigantes?

Execrável aborto, eu deveria aqui te abandonar a ti mesmo, entregar-te ao desprezo que só tu inspiras, e cessar de combater-te de novo nos devaneios de Fénelon. Mas prometi desempenhar a tarefa; manterei a palavra, feliz se meus esforços lograrem desenraizar-te do coração de teus imbecis sectários e eles puderem, colocando um pouco de razão no lugar de tuas mentiras, terminar de abalar teus altares, para tornar a mergulhá-los para sempre nos abismos do nada.

A filosofia na alcova data de 1795 e é composta de sete diálogos onde acompanhamos a educação sexual, ou antes, a formação libertina de uma garota de 15 anos, Éugenie. No excerto ora apresentado, Sade prossegue em suas invectivas contra o cristianismo, essa "quimera", e afirma que a consolidação do republicanismo nascente depende da extinção dos cultos. Muitos estudiosos chamaram a atenção para o fato de Sade ter posto, em meio a uma orgia, essa frase na boca de um dos personagens: "Franceses! Fazei mais um esforço se quiserdes de verdade ser republicanos". Para Sade, a mudança política levada a cabo pela Revolução ainda precisava ser instituída no plano "moral".

A FILOSOFIA NA ALCOVA

Venho oferecer grandes ideias: elas serão ouvidas, serão analisadas; se nem todas agradarem, ao menos restarão algumas; terei contribuído com algo para o progresso das luzes, e ficarei contente com isso. Não dissimulo, é com dificuldade que vejo a lentidão com a qual procuramos alcançar o objetivo; é com inquietude que sinto que estamos às vésperas de falhar uma vez mais. Crê-se que esse objetivo será atingido quando nos tiverem dado leis? Que não se imagine isso. O que faríamos com leis sem religião? Precisamos de um culto, e um culto feito para o caráter de um republicano, bem distante de poder algum dia retomar aquele de Roma. Num século em que estamos tão convictos de que a religião deve ser apoiada na moral, e não a moral na religião, é preciso uma religião que vá aos costumes, que seja como seu desenvolvimento, como a consequência necessária, e que possa, elevando a alma, mantê-la perpetuamente à altura dessa liberdade preciosa da qual ela faz hoje seu único ídolo. Ora, pergunto: podemos supor que a liberdade de um escravo de Tito, aquela de um vil histrião da Judeia, possa convir a uma nação livre e guerreira que acaba de regenerar-se? Não, meus compatriotas, não — vós não o credes. Se, infelizmente para ele, o francês se enterrasse ainda nas trevas do cristianismo, de um lado, o orgulho, a tirania, o despotismo dos padres, vícios sempre renascentes nessa horda impura, do outro, a vileza, as mesquinharias, as mediocridades dos dogmas e dos mistérios dessa indigna e fabulosa religião, adormecendo o orgulho da alma republicana, logo a teriam reconduzido à submissão que sua energia acaba de romper.

Não percamos de vista que essa pueril religião era uma das melhores armas nas mãos de nossos tiranos: um de seus primeiros dogmas era dar a César o que é de César; mas destronamos César e não queremos dar mais nada a ele. Franceses, seria em vão que vos iludiríeis em que o espírito de um clero ajuramentado[1] não deve ser mais o de um clero refratário;[2] há vícios de estado que não se corrigem nunca. Em menos de dez anos, por meio da religião cristã, de sua superstição, de seus preconceitos, vossos padres, malgrado seu juramento, malgrado sua pobreza, recuperariam sobre as almas o império que tinham invadido; tornariam a acorrentar-vos a reis, porque o poderio destes sempre consolidou o do outro, e vosso edifício republicano desmoronaria, por falta de alicerces.

Ó, vós que tendes a foice na mão, desferi o último golpe na árvore da superstição; não vos contenteis com podar os ramos; arrancai por completo uma planta, cujos efeitos são tão contagiosos; sede perfeitamente convictos de que vosso sistema de liberdade e de igualdade contrarie demasiado abertamente os ministros dos altares do Cristo para que um deles algum dia adote-o de boa-fé, ou que não procure estremecê-lo, se ele conseguir recuperar autoridade sobre as consciências. Qual será o padre que, comparando o estado a que se acaba de reduzi-lo, com aquele que gozava outrora, não fará tudo o que dele depender para recuperar a confiança e a autoridade que perdeu? E quantos seres fracos e pusilânimes

---

[1] Padres que prestaram juramento de fidelidade à Constituição civil em 1790. (N. do T.)
[2] Padres que recusaram prestar o juramento. (N. do T.)

logo voltarão a ser os escravos desse ambicioso tonsurado? Por que não imaginamos que os inconvenientes que existiram possam ainda renascer? Na infância da Igreja cristã, os padres não eram o que o são hoje? Vistes aonde eles chegaram; o que, no entanto, os conduziu até lá? Não eram os meios que a religião lhes fornecia? Ora, se não proibirdes absolutamente essa religião, aqueles que a pregam, tendo sempre os mesmos meios, logo chegarão ao mesmo objetivo.

Aniquilai para sempre tudo que possa um dia destruir vossa obra. Pensai que sendo o fruto de vossos trabalhos reservado apenas a vossos sobrinhos, é vosso dever, vossa probidade, não lhes deixar nenhum desses germes perigosos que poderiam mergulhá-los de novo no caos do qual tanto trabalho tivemos para sair. Nossos preconceitos já se dissipam, o povo já abjura os absurdos católicos; já suprimiu os templos, derrubou os ídolos, conveio em que o casamento é apenas um ato civil; os confessionários quebrados servem de abrigos públicos; os pretensos fiéis, desertando o banquete apostólico, deixam os deuses de farinha aos ratos. Franceses, não vos detenhais em absoluto: toda a Europa, com uma das mãos já sobre a venda que imobiliza seus olhos, espera de vós o esforço que deve arrancá-la de sua fronte. Apressai-vos: não deixai Roma, a santa, agitando-se em todos os sentidos para reprimir vossa energia, o tempo de conservar ainda, talvez, alguns prosélitos. Golpeai com brutalidade sua cabeça altiva e fremente, e que antes de dois meses a árvore da liberdade, sombreando as ruínas da Santa Sé, cubra com o peso de seus galhos vitoriosos todos esses desprezíveis ídolos do cristianismo, impudentemente erigidos sobre as cinzas dos Catões e dos Brutus.

Franceses, eu vo-lo repito, a Europa espera que a liberteis do *cetro* e do *incensório*. Pensai que vos é impossível libertá-la da tirania real sem fazê-la quebrar ao mesmo tempo os freios da superstição religiosa: os laços de uma estão unidos demasiado intimamente à outra para que, deixando subsistir um dos dois, não tomásseis a cair logo sob o império daquele que tivésseis negligenciado quanto à dissolução. Não é mais nem aos joelhos de um ser imaginário nem àqueles de um vil impostor que um republicano deve curvar-se; seus únicos deuses devem ser agora a coragem e a liberdade. Roma desapareceu tão logo o cristianismo ali começou a ser pregado, e a França estará perdida se ele tornar a ser reverenciado.

Que se examinem com atenção os dogmas absurdos, os mistérios pavorosos, as cerimônias monstruosas, a moral impossível dessa asquerosa religião, e ver-se-á se ela pode convir a uma república. Credes, de boa-fé, que eu me deixaria dominar pela opinião de um homem que eu acabasse de ver aos pés do imbecil sacerdote de Jesus? Não, não, com certeza! Esse homem, sempre vil, estará sempre ligado, pela vileza de suas opiniões, às atrocidades do Antigo Regime; a partir do momento em que ele pôde submeter-se à estupidez de uma religião tão medíocre quanto essa que tínhamos a loucura de admitir, não pode mais nem ditar-me leis, nem transmitir-me conhecimentos; não o verei mais senão como um escravo dos preconceitos e da superstição.

Dirijamos os olhares, para convencer-nos dessa verdade, para os poucos indivíduos que restam ligados ao culto insensato de nossos pais; veremos se não são todos inimigos irreconciliáveis do sistema atual, veremos se não são todos componentes dessa casta, tão justamente desprezada, de *realistas* e *aristocratas*. Que o escravo de um bandido coroado curve-se, se ele quiser, aos pés de um ídolo de massa, um tal objeto é feito para sua alma de lama; quem pode servir reis deve adorar deuses! Mas nós, franceses, mas nós, compatriotas, nós, rastejar ainda humildemente sob freios tão desprezíveis? Preferível morrer mil vezes a subjugar-nos de novo! Porquanto cremos necessário um culto, imitemos o dos romanos: as ações, as paixões, os heróis, eis quais eram seus respeitáveis objetos. Tais ídolos elevavam a alma, eletrizavam-na; faziam mais: comunicavam-lhe as virtudes do ser respeitado. O adorador de Minerva queria ser prudente. A coragem estava no coração daquele que se via aos pés de Marte. Nenhum deus desses grandes homens era privado de energia; todos faziam passar o fogo, com o qual eles próprios estavam inflamados, na alma daquele que os venerava; e, como se tinha a esperança de ser adorado um dia, cada um aspirava a tornar-se ao menos tão grande quanto aquele a quem se tomava por modelo. Mas o que encontramos, ao contrário, nos deuses vãos do cristianismo? O que vos oferece, pergunto, essa imbecil religião?[3] O medíocre impostor de Nazaré faz nascer em vós algumas grandes ideias? Sua suja e asquerosa mãe, a impudica Maria, inspira-vos algumas virtudes? E encontrareis nos santos que guarnecem seu Olimpo algum modelo de grandeza, ou de heroísmo, ou de virtudes? É tão verdadeiro que essa estúpida religião em nada se preste às grandes ideias, que, nenhum artista pode empregar seus atributos nos monumentos que ele

---

[3] Se alguém examinar com atenção essa religião achará que as impiedades das quais ela está repleta vêm em parte da ferocidade e da ignorância dos judeus, e em parte da indiferença e da confusão dos gentios; em vez de apropriar-se do que os povos da Antiguidade podiam ter de bom, os cristãos parecem ter formado sua religião apenas da mescla dos vícios que encontraram por toda parte.

constrói; mesmo em Roma, a maioria dos embelezamentos ou dos ornatos do palácio dos papas têm seus modelos no paganismo, e enquanto o mundo subsistir, só ele inflamará a criatividade dos grandes homens.

Será no teísmo puro que encontraremos mais motivos de grandeza e elevação? Será a adoção de uma quimera que, dando à nossa alma esse grau de energia essencial às virtudes republicanas, levará o homem a adorá-las ou a praticá-las? Não o imaginemos; abandonamos esse fantasma, e o ateísmo é, na atualidade, o único sistema de todas as pessoas que sabem raciocinar. À medida que se conquistou conhecimento, percebeu-se que, sendo o movimento inerente à matéria, o agente necessário para imprimir esse movimento tornava-se um ser ilusório e que, tudo o que existia devendo estar em movimento por essência, o motor era inútil; percebeu-se que esse deus quimérico, prudentemente inventado pelos primeiros legisladores, era em suas mãos apenas um meio a mais para acorrentar-nos, e que, reservando-se o direito de só eles fazerem falar esse fantasma, bem poderiam fazê-lo dizer só o que viesse em apoio a leis ridículas pelas quais tencionavam subjugar-nos. Licurgo, Numa, Moisés, Jesus Cristo, Maomé, todos esses grandes bandalhos, todos esses grandes déspotas de nossas ideias souberam associar as divindades que eles fabricavam à sua ambição desmedida, e, certos de cativar os povos com a sanção desses deuses, tinham sempre, conforme sabemos, o cuidado de só interrogá-los com discernimento, ou só fazê-los responder aquilo que acreditavam poder servi-los.

Mantenhamos hoje, pois, no mesmo desprezo o deus vão que impostores nos inculcaram, e todas as sutilezas religiosas que decorrem de sua ridícula adoção; não é mais com essa futilidade que se pode divertir homens livres. Que a extinção total dos cultos entre, portanto, nos princípios que propagamos por toda a Europa. Não nos contentemos com quebrar os cetros; pulverizemos para sempre os ídolos: nunca houve mais que um passo entre a superstição e o realismo.[4] É preciso que seja assim, sem dúvida, pois, um dos princípios subjacentes à sagração dos reis era sempre a manutenção da religião dominante, como uma das bases políticas que melhor deviam sustentar seu trono. Todavia, visto que esse trono foi derrubado, e que felizmente o foi para sempre, não temamos extirpar igualmente o que formava seus apoios.

Sim, cidadãos: a religião é incompatível com o sistema da liberdade; vós o percebestes. Jamais o homem livre se curvará diante dos deuses do cristianismo; nunca seus dogmas, nunca seus ritos, seus mistérios ou sua palavra convirão a um republicano. Mais um esforço; visto que trabalhais para destruir todos os preconceitos, não deixeis subsistir nenhum, pois basta um deles para trazer de volta todos os demais. Tanto mais devemos estar certos de seu retorno quanto mais deixais viver o que é positivamente o nascedouro de todos os outros! Cessemos de crer que a religião possa ser útil ao homem. Tenhamos boas leis, e poderemos prescindir de religião. Entretanto, é preciso uma para o povo, asseguram-nos; ela o diverte, ela o controla. A propósito, dai-nos, nesse caso, aquela que convém a homens livres. Devolvei-nos os céus do paganismo. Adoraremos de bom grado Júpiter,

---

[4] Acompanhai a história de todos os povos: nunca os vereis mudar o governo que tinham por um governo monárquico senão em razão do embrutecimento em que são mantidos; sempre vereis os reis apoiar a religião, e a religião sagrar reis. Conhecemos a história do intendente e do cozinheiro: *Passai-me a pimenta, eu vos passarei a manteiga.* Infelizes humanos, estais sempre destinados a vos parecer com o senhor desses dois bandalhos?

Hércules ou Palas; todavia, não queremos mais o fabuloso autor de um universo que se move; não queremos mais um deus sem dimensão e que, no entanto, tudo preenche com sua imensidão, um deus todo-poderoso e que nunca executa o que deseja, um ser soberanamente bom e que só faz descontentes, um ser amigo da ordem e em cujo governo tudo está em desordem. Não, não queremos mais um deus que perturba a natureza, que é o pai da confusão, que move o homem no momento em que este se entrega a horrores; tal deus faz-nos fremir de indignação, e nós o relegamos para sempre ao esquecimento, de onde o infame Robespierre quis retirá-lo.[5]

— Franceses, substituamos os simulacros desse indigno fantasma, impondo os que tornavam Roma senhora do universo; tratemos todos os ídolos cristãos como tratamos os de nossos reis. Recoloquemos os emblemas da liberdade sobre as bases que outrora sustentavam tiranos; reedifiquemos do mesmo modo a efígie dos grandes homens sobre os pedestais desses malandros adorados pelo cristianismo.[6] Cessemos de temer, para nossos campos, o efeito do ateísmo; os camponeses não sentiram a necessidade de aniquilar o culto católico, tão contraditório aos verdadeiros princípios da liberdade? Não viram sem pavor, assim como sem dor, derrubar seus altares e seus presbitérios? Ah! crede que eles renunciarão também seu ridículo deus. As estátuas de Marte, de Minerva e

---

[5]Todas as religiões concordam com exaltar-nos a sabedoria e a força íntima da divindade; mas tão logo nos expõem sua conduta, só encontramos nelas imprudência, fraqueza e loucura. Deus, dizem, criou o mundo para si mesmo, e até aqui não conseguiu fazer-se honrar convenientemente por isso; Deus criou-nos para adorá-lo, e passamos nossos dias a zombar dele! Pobre deus esse aí!

[6]Trata-se aqui apenas daqueles cuja reputação está feita desde há muito tempo.

da Liberdade serão colocadas nos lugares mais extraordinários de suas moradas; uma festa anual será ali celebrada todos os anos; será concedida a coroa cívica ao cidadão que melhor a tiver merecido da pátria. Na entrada de um bosque solitário, Vênus, o Himeneu e o Amor, erigidos sob um templo agreste, receberão a homenagem dos amantes; ali, será pelas mãos das Graças que a beleza coroará a constância. Não se tratará apenas de amar para ser digno dessa coroa, será ainda necessário ter merecido sê-lo; o heroísmo, os talentos, a humanidade, a grandeza de alma, um civismo inabalável, eis os títulos que, aos pés de sua amada, o amante será forçado a estabelecer, e esses títulos valerão aqueles do nascimento e da riqueza, que um estúpido orgulho outrora exigia. Ao menos algumas virtudes eclodirão desse culto, enquanto que só crimes nascem daquele que tivemos a fraqueza de professar. Esse culto se aliará à liberdade que servimos; ele a animará, se encarregará dela, a englobará, enquanto o teísmo é — por sua essência e por sua natureza — o mais mortal inimigo da liberdade que servimos. Custará uma gota de sangue quando os ídolos pagãos forem destruídos sob o Baixo Império? A revolução, preparada pela estupidez de um povo que tornou a ser escravo, operou-se sem o mínimo obstáculo. Como podemos temer que a obra da filosofia seja mais deplorável que a do despotismo? Só os padres ainda cativam aos pés de seu deus quimérico esse povo que tanto temeis instruir; afastai-os dele e o véu cairá naturalmente. Crede que esse povo, bem mais sábio do que o imaginais, liberto dos grilhões da tirania, logo o será das correntes da superstição. Vós o temeis se ele não tiver esse freio: que extravagância! Ah! acreditai, cidadãos, aquele que o gládio material das leis não detém também não o será pelo temor moral dos suplícios do inferno, dos quais ele zomba desde sua infância. Vosso teísmo, em resumo, fez cometer muitos crimes, mas nunca impedirá sequer um. Se é verdade que as paixões cegam, que seu efeito seja o de elevar sobre nossos olhos uma nuvem que nos oculta os perigos dos quais elas estão cercadas, como podemos supor que aqueles que estão distantes de nós, como o são as punições anunciadas por vosso deus, possam lograr dissipar essa nuvem que o próprio gládio das leis sempre suspenso sobre as paixões não pode dissolver? Se for provado que esse suplemento de freios imposto pela ideia de um deus torna-se inútil, se for demonstrado que é perigoso por seus outros efeitos, pergunto para que uso ele pode servir, e sobre que motivos poderíamos apoiar--nos para prolongar sua existência. Dir-me-ão que não estamos bastante maduros para consolidar ainda nossa revolução de maneira tão extraordinária? Ah! meus concidadãos, a caminhada que fizemos desde 89 foi bem mais difícil do que essa que nos resta fazer, e temos bem menos a trabalhar a opinião, no que eu vos proponho, do que a atormentamos em todos os sentidos desde a época da queda da Bastilha. Cremos que um povo bastante sábio, assaz corajoso para conduzir um monarca imprudente do ápice do poder aos pés do cadafalso, um povo que nesses poucos anos soube vencer tantos preconceitos, soube romper tantos freios ridículos, o saberá suficientemente para imolar ao bem da coisa, à prosperidade da república, um fantasma bem mais ilusório ainda do que podia ser o de um rei?

Franceses, desferireis os primeiros golpes: vossa educação nacional fará o resto; mas trabalhai célere para essa obra; que ela se torne uma de vossas preocupações mais importantes; que ela tenha sobretudo por base essa moral essencial, tão negligenciada na educação religiosa. Substituí as imbecilidades deíficas, com as quais fatigaríeis os jovens órgãos de vossos filhos, por excelentes princípios sociais; em vez de ensinar a recitar fúteis orações que eles se orgulharão de esquecer tão logo completem 16 anos, sejam eles instruídos sobre seus deveres na sociedade; ensinai-os a adorar virtudes das quais vós apenas falaríeis outrora e que, sem vossas fábulas religiosas, bastam à sua felicidade individual; fazei-os sentir que essa felicidade consiste em tornar os outros tão afortunados quanto nós mesmos gostaríamos de ser. Se fundardes essas verdades sobre quimeras cristãs, como teríeis a loucura de fazê-lo outrora, vossos alunos mal terão reconhecido a futilidade das bases e farão desmoronar o edifício, e tornar-se-ão celerados apenas porque crerão que a religião que eles derrubaram os proibia de sê-lo. Fazendo-os sentir, ao contrário, a necessidade da virtude unicamente porque sua própria felicidade dela depende, eles serão pessoas honestas por egoísmo, e essa lei que rege todos os homens sempre será a mais segura de todas. Que se evite, portanto, com o maior cuidado, mesclar qualquer fábula religiosa nessa educação nacional. Nunca percamos de vista que são homens livres que queremos formar e não vis adoradores de um deus. Que um filósofo simples instrua esses novos alunos com sublimidades incompreensíveis da natureza; que ele lhes prove que o conhecimento de um deus, amiúde muito perigoso aos homens, nunca serviu para sua felicidade, e que eles não serão mais felizes admitindo, como causa do que não compreendem, algo que compreenderão ainda menos; que é bem menos essencial compreender a natureza que dela gozar e respeitar suas leis; que essas leis são tão sábias quanto simples; que elas estão escritas no coração de todos os homens, e que basta interrogar esse coração para esclarecer o apelo delas. Se eles quiserem absolutamente que vós lhes faleis de um criador, respondei que as coisas tendo sido sempre o que elas são, nunca tendo tido começo e nunca devendo ter fim, torna-se tão inútil quanto impossível ao homem poder remontar a uma origem imaginária que nada explicaria e de nada adiantaria. Dizei-lhes que é impossível aos homens ter ideias verdadeiras de um ser que não age sobre nenhum de nossos sentidos.

Todas as nossa ideias são representações dos objetos que se nos apresentam; o que pode nos representar a ideia de Deus, que é evidentemente uma ideia sem objeto? Tal ideia, vós acrescentareis a eles, não é tão impossível quanto efeitos sem causa? Uma ideia sem protótipo é algo diferente de uma quimera? Alguns doutores, prosseguireis, asseguram que a ideia de Deus é inata, e que os homens têm essa ideia desde o ventre de sua mãe. Mas isso é falso, acrescentareis; todo princípio é um juízo, todo juízo é o efeito da experiência, e só se adquire a experiência pelo exercício dos sentidos; segue-se daí que os princípios religiosos evidentemente não se apoiam sobre nada e não são, em absoluto, inatos. Como se pôde, prosseguireis, persuadir seres razoáveis de que a coisa mais difícil para compreender era a mais essencial para eles? É porque foram muito apavorados; é que, quando se tem medo, cessa-se de raciocinar; é que, sobretudo, foi-lhes recomendado que duvidassem de sua razão e que, quando o cérebro é perturbado, crê-se em tudo e não se examina nada. A ignorância e o medo, vós lhes direis ainda, eis as duas bases de todas as religiões. A incerteza em que o homem se encontra em relação a seu Deus é precisamente o motivo que o liga a sua religião.

O homem tem medo nas trevas, tanto no físico quanto no moral; o medo toma-se habitual nele e transforma--se em necessidade; ele creria que lhe falta algo se nada mais tivesse a esperar ou a temer. Retomai, em seguida, à utilidade da moral: dai-lhes quanto a esse grande objeto muito mais exemplos que lições, muito mais provas que livros e deles fareis bons cidadãos; fareis deles bons guerreiros, bons pais, bons esposos; fareis deles homens tanto mais ligados à liberdade de seu país que nenhuma ideia de servidão poderá apresentar-se de novo a seu espírito, que nenhum terror religioso virá perturbar seu gênio. Assim, o verdadeiro patriotismo eclodirá em todas as almas; nelas reinará com toda a sua força e com toda a sua pureza, porque se tomará o único sentimento dominante, e porque nenhuma ideia estranha enfraquecerá sua energia; desse modo, vossa segunda geração está segura, e vossa obra, consolidada por ela, se tornará a lei do universo. Todavia, se, por temor ou pusilanimidade, esses conselhos não forem seguidos, se deixarem subsistir as bases do edifício que pensavam destruir, o que acontecerá? O edifício será reconstruído sobre essas bases, e sobre elas serão colocados os mesmos colossos, com a cruel diferença de que eles, dessa vez, ali estarão cimentados com tal força que nem nossa geração nem as que se seguirem conseguirão derrubá-los.

Que não se duvide de que as religiões são o nascedouro do despotismo; o primeiro de todos os déspotas foi um padre; o primeiro rei e o primeiro imperador de Roma, Numa e Augusto, associam-se ambos ao sacerdócio; Constantino e Clóvis foram mais abades que soberanos; Heliogábalo foi sacerdote do Sol. Em todos os tempos, em todos os séculos, houve entre o despotismo e a religião tal conexão que fica mais do que demonstrado que, destruindo um deles, deve-se minar o outro, pela grande razão que o primeiro sempre servirá de lei ao segundo. Entretanto, não proponho nem massacres nem deportações; todos esses horrores estão demasiado longe de minha alma para ousar concebê-los sequer por um minuto. Não, não assassinem, não deportem: essas atrocidades são próprias dos reis ou dos celerados que os imitaram; não é agindo como eles que forçareis a tomar horror por aqueles que as exerciam. Empreguemos a força só contra os ídolos; bastam ridículos para aqueles que os servem: os sarcasmos de Juliano foram mais nocivos à religião cristã do que todos os suplícios de Nero. Sim, destruamos para sempre toda ideia de Deus, e façamos soldados desses padres; alguns já o são; que eles se limitem a este ofício tão nobre para um republicano, mas que não mais nos falem nem de seu ser quimérico nem de sua religião fabulosa, único objeto de nossos desprezos. Condenemos a ser achincalhado, ridicularizado, coberto de lama em todas as encruzilhadas das maiores cidades da França, o primeiro desses charlatães consagrados que ainda vier nos falar de Deus ou de religião; uma prisão perpétua será a pena para aquele que cair duas vezes nas mesmas faltas. Que as blasfêmias as mais insultuosas, os trabalhos os mais ateus sejam doravante autorizados plenamente, a fim de acabar de extirpar do coração e da memória dos homens esses pavorosos brinquedos de nossa infância; que se ponha em concurso o trabalho mais capaz de esclarecer, enfim, os europeus quanto a uma matéria tão importante, e que um prêmio considerável, e concedido pela nação, seja a recompensa daquele que, tendo tudo dito e demonstrado com relação a essa matéria, deixará a seus compatriotas apenas uma foice para extirpar todos esses fantasmas e um coração reto para odiá-los. Em seis meses, tudo estará terminado: vosso infame Deus estará no nada; e isso sem cessar de ser justo, desejoso da estima dos outros, sem cessar de temer o gládio das leis e de ser um homem íntegro, porque se terá percebido que o verdadeiro amigo da pátria não deve em absoluto, como o escravo dos reis, ser conduzido por quimeras; que não é, em resumo, nem a esperança frívola de um mundo melhor, nem o temor de males maiores que aqueles que a natureza enviou-nos, que deve conduzir um republicano, cujo único guia é a virtude, tendo como único freio, o remorso.

Diálogo entre um padre e um moribundo não é apenas um dos mais virulentos ataques de Sade aos alicerces da fé cristã — notadamente à ressurreição — mas também uma defesa categórica de seu ateísmo. O diálogo foi concluído em 1782, no cárcere de Vincennes, onde se encontrava detido desde 1777. Concisa introdução à filosofia sadeana, esse diálogo só seria publicado em 1926, graças ao empenho de Maurice Heine, um dos mais destacados estudiosos do "divino Marquês".

DIÁLOGO ENTRE UM PADRE E UM MORIBUNDO

O PADRE — Chegado a esse instante fatal, em que o véu da ilusão não se rasga senão para deixar ao homem seduzido o quadro cruel de seus erros e de seus vícios, não vos arrependeis, meu filho, das desordens multiplicadas aonde vos levaram a fraqueza e a fragilidade humana?

O MORIBUNDO — Sim, meu amigo, arrependo-me.

O PADRE — Pois bem, aproveitai esses remorsos felizes para obter do céu, no curto intervalo que vos resta, a absolvição geral de vossas faltas, e atentai ao fato de que é somente pela mediação do muito santo sacramento da penitência que vos será possível obtê-la do eterno.

O MORIBUNDO — Eu não te entendo mais do que tu me compreendeste.

O PADRE — Como assim?

O MORIBUNDO — Eu te disse que me arrependia.

O PADRE — Eu ouvi.

O MORIBUNDO — Sim, mas sem me compreender.

O PADRE — Qual interpretação?...

O MORIBUNDO — Ei-la... Criado pela natureza com gostos mui vivos, com paixões mui fortes; colocado neste mundo unicamente para entregar-me a elas e para satisfazê-las, e esses efeitos de minha criação nada mais sendo que necessidades relativas aos primeiros impulsos da natureza ou, se preferires, derivações essenciais a seus projetos a meu respeito, todos em razão de suas leis, só me arrependo de não ter reconhecido o bastante sua onipotência, e meus únicos remorsos referem-se apenas ao medíocre uso que fiz das faculdades (criminosas, segundo tu, todas simples, segundo eu) que ela me tinha dado para servi-la; eu algumas vezes resisti-lhe, arrependo-me disso. Cegado pelo absurdo de teus sistemas, combati por eles toda a violência dos desejos, que eu recebera por uma inspiração muito mais divina, e arrependo-me disso, colhi apenas flores quando podia ter feito uma ampla colheita de frutos... Eis os justos motivos de meus pesares; estima-me bastante para não me atribuíres outros.

O PADRE — Aonde vos levam vossos erros, aonde vos conduzem vossos sofismas! Atribuís à coisa criada toda a potência do criador, e essas infelizes inclinações que vos desgarraram, não vedes que elas são apenas efeitos dessa natureza corrompida, à qual atribuís a onipotência?

O MORIBUNDO — Amigo, parece-me que tua dialética é tão falsa quanto teu espírito. Eu gostaria que tu raciocinasses com mais justeza, ou que me deixasses morrer em paz. O que entendes por criador, e por natureza corrompida?

O PADRE — O Criador é o Senhor do universo, foi Ele quem tudo fez, tudo criou, e que tudo conserva por um simples efeito de sua onipotência.

O MORIBUNDO — Eis um grande homem, seguramente. Pois bem, diz-me por que esse homem, que é tão poderoso, fez, segundo tu, uma natureza corrompida.

O PADRE — Que mérito teriam tido os homens se Deus não lhes tivesse deixado o livre-arbítrio, e que mérito eles teriam tido em usufruir disso se não tivesse havido sobre a terra a possibilidade de fazer o bem e evitar o mal?

O MORIBUNDO — Desse modo teu deus quis fazer tudo de modo enviesado, unicamente para tentar, ou para testar sua criatura; ele não a conhecia, então, ele não suspeitava, portanto, do resultado?

O PADRE — Ele sem dúvida a conhecia; no entanto queria, uma vez mais, deixar-lhe o mérito da escolha.

O MORIBUNDO — Para quê, uma vez que conhecia a resolução que a criatura tomaria e que só dependia dele, visto que tu o consideras todo-poderoso, fazê-la escolher a boa?

O PADRE — Quem pode compreender os desígnios imensos e infinitos de Deus com respeito ao homem e quem pode compreender tudo o que vemos?

O MORIBUNDO — Aquele que simplifica as coisas, meu amigo, principalmente aquele que não multiplica as causas, para melhor embaralhar os efeitos. Por que necessitas de uma segunda dificuldade quando não podes explicar a primeira, e visto que é possível que a natureza sozinha tenha feito o que atribuís a teu deus, por que queres ir buscar-lhe um senhor? A causa do que não compreendes, talvez seja a coisa do mundo mais simples. Aperfeiçoa a tua física e compreenderás melhor a natureza, depura tua razão, bane teus preconceitos e não mais precisarás de teu deus.

O PADRE — Infeliz! Eu te imaginava apenas sociniano — eu tinha armas para te combater, mas bem vejo que és ateu, e visto que teu coração recusa-se à imensidão das provas autênticas que recebemos a cada dia da existência do criador, nada mais tenho a dizer-te. Não se pode devolver a luz a um cego.

O MORIBUNDO — Meu amigo, hás de convir que aquele dos dois que o é mais, deve ser, antes, seguramente, aquele que se coloca uma venda e não o que a arranca. Edificas, inventas, multiplicas; quanto a mim, destruo, simplifico. Acrescentas erro sobre erros; eu os combato todos. Qual de nós é o cego?

O PADRE — Não acreditais absolutamente em Deus?

O MORIBUNDO — Não. E isso por uma razão bem simples: é que é perfeitamente impossível crer naquilo que não se compreende. Entre a compreensão e a fé devem existir relações imediatas; a compreensão é o primeiro alimento da fé; onde a compreensão não age, a fé está morta, e aqueles que, em tal caso, sustentassem ter fé, impõem-na. Desafio-te a acreditar no deus que me pregas — porque não saberias mo demonstrar, porque não tens meios de mo definir, e, por consequência, não o compreendes — porque, visto que não o compreendes, não podes fornecer-me mais nenhum argumento razoável e porque, em resumo, tudo o que está acima dos limites do espírito humano é quimera ou inutilidade; porque, teu deus não podendo ser senão uma ou outra dessas coisas, no primeiro caso eu seria louco de crer nisso, um imbecil no segundo.

Meu amigo, prova-me a inércia da matéria, e admitirei teu criador, prova-me que a natureza não se basta a si mesma, e permitirei supor-lhe um senhor; até lá, nada esperes de mim, eu só me rendo à evidência, e só a recebo de meus sentidos; onde eles se detêm minha fé permanece sem força. Creio no sol porque o vejo, concebo-o como o centro de reunião de toda a matéria inflamável da natureza, sua marcha periódica apraz-me sem surpreender-me. É uma operação de física, talvez tão simples como a da eletricidade, mas que não nos é permitido compreender. Por que necessito ir mais longe, quando me tiveres construído teu deus acima disso? Poderia eu avançar na compreensão? Não me seria necessário ainda tanto esforço para compreender o operário quanto para definir a obra?

Por consequência, não me prestastes nenhum esclarecimento pela edificação de tua quimera; perturbas-te meu espírito, mas não o aclaraste e só te devo ódio em vez de reconhecimento. Teu deus é uma máquina que fabricaste para servir tuas paixões, e a fizeste mover-se segundo a vontade delas, mas assim que ela incomoda as minhas acha bom que eu a tenha derrubado, e no instante em que minha alma débil necessita de calma e filosofia, não vem apavorá-la com teus sofismas, que a assustariam sem convencê-la, que a irritariam sem torná-la melhor; essa alma é, meu amigo, o que aprouve à natureza que ela fosse, isto é, o resultado dos órgãos que agradou-lhe me dar em razão de seus desígnios e de suas necessidades; e como ela precisa de igual necessidade de vícios e virtudes, quando lhe aprouve levar-me aos primeiros, fê-lo, quando quis as outras, inspirou-me seus desejos, e entreguei-me igualmente a elas. Busca apenas suas leis como única causa à nossa inconsequência humana, e não busca em suas leis outros princípios senão suas vontades e suas necessidades.

O PADRE — Desse modo, tudo é necessário no mundo?

O MORIBUNDO — Seguramente.

O PADRE — Mas se tudo é necessário, tudo está organizado, portanto?

O MORIBUNDO — Quem te disse o contrário?

O PADRE — E quem pode organizar tudo como está, se não uma mão onipotente e sábia?

O MORIBUNDO — Não é necessário que a pólvora inflame-se quando se põe fogo nela?

O PADRE — Sim.

O MORIBUNDO — E que sabedoria vês nisso?

O PADRE — Nenhuma.

O MORIBUNDO — Portanto, é possível que existam coisas necessárias sem sabedoria e possível porque tudo deriva de uma causa primeira, sem que exista razão nem sabedoria nessa primeira causa.

O PADRE — Onde desejais chegar?

O MORIBUNDO — Desejo provar-te que tudo pode ser o que é e o que vês, sem que nenhuma causa sábia e razoável a conduza, e que efeitos naturais devem ter causas naturais, sem que seja necessário supor-lhes causas antinaturais, tal como o seria teu deus que, ele próprio, assim como já o disse, teria necessidade de explicação, sem fornecer nenhuma; e que, em consequência, pois que teu deus não serve para nada, ele é perfeitamente inútil; há uma forte probabilidade de que o que é inútil é nulo e que tudo o que é nulo é nada; assim, para convencer-me de que teu deus é uma quimera, não preciso de nenhum outro raciocínio senão o que me fornece a certeza de tua inutilidade.

O PADRE — No que concerne a isso, parece-me necessário falar-vos de religião.

O MORIBUNDO — Por que não? Nada me diverte como a prova do excesso de fanatismo e imbecilidade a que os homens puderam chegar no que diz respeito a esse ponto; são essas espécies de desvios tão prodigiosos que o quadro, na minha opinião, ainda que horrível, é sempre interessante. Responde com franqueza e, principalmente, bane o egoísmo. Se eu estivesse bastante fraco para deixar-me surpreender por teus ridículos sistemas sobre a existência fabulosa do ser que torna a religião necessária, sob que forma me aconselharias a oferecer-lhe um culto? Desejarias que eu adotasse os devaneios de Confúcio em vez dos absurdos de Brahma; adoraria eu a grande serpente dos negros, o astro dos peruanos ou o deus dos exércitos de Moisés; a qual das seitas de Maomé desejarias que eu me rendesse, ou qual heresia de cristãos seria, na tua opinião, preferível? Toma cuidado com tua resposta.

O PADRE — Pode ela ser duvidosa?

O MORIBUNDO — Ei-la, portanto, egoísta.

O PADRE — Não, aconselhar-te com respeito ao que creio é amar-te tanto quanto a mim mesmo.

O MORIBUNDO — E escutar semelhantes erros é amar-nos bem pouco, a ambos.

O PADRE — E quem pode cegar-se com relação aos milagres de nosso divino redentor?

O MORIBUNDO — Aquele que vê nele apenas o mais ordinário de todos os velhacos e o mais vil de todos os impostores.

O PADRE — Ó, Deus, vós o escutais e não troais!

O MORIBUNDO — Não, meu amigo, está tudo em paz, porque teu deus, seja impotência, seja razão, seja tudo o que quiseres, enfim, em um ser que eu só admito um momento por condescendência por ti, ou se o preferes, para prestar-me a teus pontos de vistas estreitos, porque esse deus, eu dizia, se ele existe como tens a loucura de crê-lo, não pode convencer-nos de ter adotado meios tão ridículos quanto aqueles que teu Jesus supõe.

O PADRE — Pois bem, as profecias, os milagres, os mártires, tudo isso não são provas?

O MORIBUNDO — Como queres em boa lógica que eu possa aceitar como prova tudo o que o necessita para si próprio? Para que a profecia se tornasse prova, seria antes preciso que eu tivesse a certeza completa de que ela fora feita; ora, estando isso registrado na história, não pode mais ter para mim outra força senão todos os outros fatos históricos, dos quais três quartos são muito duvidosos; se a isso acrescento ainda a aparência mais que verossímil de que me são transmitidos tão-somente por historiadores interessados, estarei, conforme vês, mais que em direito de duvidar. Por sinal, quem me assegurará que essa profecia não foi feita após o ocorrido, que ela não foi o efeito da combinação da mais simples política, como aquela que vê um reinado feliz sob um rei justo ou geada no inverno? E se tudo isso existe, como queres que a profecia, tendo tal necessidade de ser provada, possa ela mesma tornar-se uma prova?

No que concerne a teus milagres, eles não me enganam igualmente. Todos os velhacos fizeram desses milagres, e todos os tolos acreditaram neles; para persuadir-me da verdade de um milagre, seria preciso que eu estivesse bem seguro de que o acontecimento a que denominais assim fosse absolutamente contrário às leis da natureza, pois só o que está fora dela pode passar por milagre. E quem a conhece o bastante para ousar afirmar que tal é precisamente o ponto em que ela para e precisamente aquele aquele onde ela é transgredida? São necessárias apenas duas coisas para tornar crível um pretenso milagre: um prestidigitador e mulheres débeis; vai, nunca busques outra origem aos teus; todos os novos sectários fizeram dessas coisas, e o que é mais singular, todos encontraram imbecis que acreditassem neles. Teu Jesus nada fez de mais singular que Apolônio de Tiana, e, contudo, ninguém ousa tomar este por um deus; quanto a teus mártires, são bem seguramente os mais débeis de todos os argumentos. Bastam entusiasmo e resistência para fazê-los tais, e enquanto a causa oposta me oferecerá isso tanto quanto a tua, nunca estarei suficientemente autorizado a acreditar que uma seja melhor do que a outra, mas muito inclinado, pelo contrário, a supô-las ambas deploráveis.

Ah! Meu amigo, se fosse verdade que o deus que pregas existisse, necessitaria ele de milagres, de mártires e de profecias para estabelecer seu império, e se, conforme o dizes, o coração do homem fosse sua obra, não seria ali o santuário que ele teria escolhido para sua lei? Essa lei equânime, pois emanaria de um deus justo, achar-se-ia ali, de uma maneira irresistível, igualmente gravada em todos os corações, e de uma extremidade à outra do universo, todos os homens assemelhando-se por esse órgão delicado e sensível, se pareceriam igualmente pela homenagem que renderiam ao deus com quem eles se assemelhariam; todos só teriam uma maneira de amá-lo, todos só teriam um modo de adorá-lo ou servi-lo e se lhes tornaria tão impossível desconhecer esse deus quanto resistir à inclinação secreta de seu culto. O que vejo em vez disso no universo senão tantos deuses quantos países, tantas maneiras de servir esses deuses quantas diferentes cabeças ou diferentes imaginações, e essa multiplicidade de opiniões na qual é-me fisicamente impossível escolher seria — segundo tua opinião — a obra de um deus justo?

Vai, predicante, ultrajas teu deus mo apresentando assim, deixa-me negá-lo completamente, pois se ele existe, então, eu o ultrajo bem menos por minha incredulidade que tu por tuas blasfêmias. Retorna à razão, predicante, teu Jesus não vale mais que Maomé, Maomé que Moisés, e todos os três não valem mais que Confúcio que, todavia, ditou alguns bons princípios enquanto os três outros deliravam; mas em geral todas essas pessoas são apenas impostoras, das quais o filósofo zombou, em quem a canalha acreditou e que a justiça deveria ter mandado enforcar.

O PADRE — Pobre de mim, ela agiu com demasiada crueldade contra um dos quatro.

O MORIBUNDO — É aquele que mais o merecia. Ele era sedicioso, turbulento, caluniador, velhaco, libertino, grosseiro farsante, perverso e perigoso, possuía a arte de impressionar o povo e tomava-se, por consequência, punível num reino no estado em que se encontrava, então, aquele de Jerusalém. Ele foi, portanto, muito sábio em livrar-se dele e talvez seja o único caso em que minhas máximas, extremamente suaves e tolerantes, por sinal, possam admitir a severidade de Têmis; desculpo todos os erros, exceto os que podem tomar-se perigosos no governo onde se vive; os reis e suas majestades são as únicas coisas que me impressionam, as únicas que respeito, e quem não ama seu país e seu rei não é digno de viver.

O PADRE — Mas, enfim, admitis algo após essa vida; é impossível que vosso espírito não tenha algumas vezes se aprazido em perfurar a espessura das trevas do destino que nos aguarda, e que sistema pode tê-lo satisfeito melhor que o de uma grande quantidade de penas para aquele que vive mal e de uma eternidade de recompensas para aquele que vive bem?

O MORIBUNDO — Qual, meu amigo? O do nada; ele nunca me apavorou, e não vejo nele nada além de consolador e simples; todos os outros são a obra do orgulho, só aquele é o da razão. Por sinal, não é nem terrível nem absoluto, esse nada. Não tenho sob meus olhos o exemplo das gerações e regenerações perpétuas da natureza? Nada perece, meu amigo, nada se destrói no mundo; hoje homem, amanhã verme, depois de amanhã mosca, não é isso existir sempre? E por que queres que eu seja recompensado com virtudes pelas quais não tenho nenhum mérito, ou punido por crimes dos quais não fui o autor; podes conceder a bondade de teu pretenso deus com esse sistema e pode ele ter desejado criar-me para dar-se o prazer de punir-me, e isso somente em consequência de uma escolha da qual não me deixa senhor?

O PADRE — Vós o sois.

O MORIBUNDO — Sim, segundo teus preconceitos; mas a razão os destrói, e o sistema da liberdade do homem nunca foi inventado senão para fabricar aquele da graça que se tornava tão favorável a vossos delírios. Qual é o homem no mundo que, vendo o cadafalso ao lado do crime, o cometeria se fosse livre para não cometê-lo? Somos levados por uma força irresistível, e nunca por um instante os senhores para poder determinar-nos por outra coisa que não pelo lado para o qual somos inclinados. Não há sequer uma virtude que não seja necessária à natureza, e, inversamente, um único crime do qual ela não precise, e é no perfeito equilíbrio em que ela mantém uns e outros, que consiste toda a sua ciência; mas podemos ser culpados do lado no qual ela nos joga? Não, assim como também não o é a vespa que vem lançar seu aguilhão em tua pele.

O PADRE — Desse modo, o maior de todos os crimes não deve nos inspirar nenhum pavor?

O MORIBUNDO — Não é isso o que estou dizendo; basta que a lei o condene, e que o gládio da justiça o puna, para que ele deva inspirar-nos distanciamento ou terror. Contudo, assim que ele é infelizmente cometido, é preciso saber resignar-se, e não entregar-se ao remorso estéril; seu efeito é vão, pois que ele não pôde nos preservar do crime, nulo, visto que não pode repará-lo; portanto, é absurdo entregar-se a ele e ainda mais absurdo temer ser punido por isso no outro mundo se tivermos sorte de escapar de sê-lo neste aqui. Não apraz a Deus que eu queira, por minhas palavras, encorajar ao crime; deve-se seguramente evitá-lo tanto quanto se possa, mas é pela razão que é preciso saber fugir dele, e não por falsos temores que não levam a nada e cujo efeito é imediatamente destruído em uma alma um pouco firme. A razão, meu amigo, sim, só a razão deve advertir-nos que prejudicar nossos semelhantes nunca pode tomar-nos felizes, e nosso coração, que contribuir à sua felicidade é a maior para nós que a natureza nos tenha concedido sobre a terra; toda a moral humana está contida nesta única frase: tornar os outros tão felizes quanto desejamos sê-lo nós mesmos e nunca fazer-lhes mais mal do que gostaríamos de receber.

Eis, meu amigo, eis os únicos princípios que deveríamos seguir e não há necessidade nem de religião, nem de deus para experimentar e admitir isso; é preciso tão-somente um bom coração. Todavia, sinto que me enfraqueço; predicante, abandona teus preconceitos, seja homem, seja humano, sem temor e sem esperança; deixa aqui teus deuses e tuas religiões; tudo isso só serve para acorrentar os homens, e só o nome de todos esses erros fez verter mais sangue sobre a terra do que todas as outras guerras e as outras calamidades ao mesmo tempo. Renuncia à ideia de um outro mundo, nada disso existe, mas não renuncia ao prazer de ser feliz e de consegui-lo neste mundo. Eis a única maneira que a natureza te oferece de encurtar tua existência ou de ampliá-la. Meu amigo, a volúpia sempre foi o mais caro de meus bens, eu a incensei toda a minha vida, e quis terminá-la em seus braços: meu fim se aproxima, seis mulheres mais belas que o dia estão no aposento ao lado, eu as reservei para este momento; toma tua parte disso, procura esquecer sobre seus seios, a meu exemplo, todos os vãos sofismas da superstição, e todos os erros imbecis da hipocrisia.

NOTA

O moribundo tocou a campainha, as mulheres entraram e o predicante tornou-se em seus braços um homem corrompido pela natureza, por não ter sabido explicar o que era a natureza corrompida.

Considerada a obra mais importante de Sade, *A nova Justine* é fruto de um longo percurso iniciado em 1787 com o conto filosófico *Os infortúnios da virtude*, escrito na Bastilha pouco antes da instauração do Terror, e progressivamente modificado e aumentado até ressurgir como *Justine, ou os infortúnios da virtude* em 1791. Retrabalhada de modo incessante, foi publicada anonimamente em 1795, em quatro volumes. Vítima das práticas mais execráveis, marcada por uma abominável sucessão de infortúnios, Justine se presta à tese central de Sade nessa obra, a de que toda virtude é inútil, e a natureza, indiferente aos sofrimentos humanos.

A NOVA JUSTINE

Ao remontarmos às épocas mais remotas, não encontramos, infelizmente, outros fiadores do absurdo sistema da imortalidade da alma senão entre os povos mergulhados nos mais grosseiros erros. Se examinarmos as causas que puderam fazer admitir essa pavorosa inépcia, nós as encontraremos na política, no terror e na ignorância: porém, qualquer que seja a origem dessa opinião, a questão é saber se ela é razoável. Temo que ao examiná-la, nós a achássemos tão quimérica quanto os cultos que ela justifica. Conviremos que, nos próprios séculos em que essa opinião pareceu a mais plausível, ela sempre encontrou pessoas assaz sábias para contestá-la.

Era impossível não sentir a que ponto tornava-se necessário aos homens o conhecimento dessa verdade; e, contudo, nenhum dos deuses que sua extravagância erigira tomava o cuidado de instruí-los quanto a isso. Parece que esse absurdo nasceu entre os egípcios, isto é, entre o povo mais crédulo e mais supersticioso da terra. Todavia, deve-se observar uma coisa: Moisés, ainda que criado em suas escolas, não disse sequer uma palavra sobre isso aos judeus. Assaz bom político para criar outros freios, nunca ousou, sabe-se, empregar esse entre seu povo: demasiada estupidez caracterizava-o para que imaginasse servir-se dele. O próprio Jesus, esse modelo dos velhacos e impostores, esse abominável charlatão, não tinha nenhuma noção da imortalidade da alma; ele nunca se exprime senão como materialista; e quando ameaça os homens, vê-se que é a seus corpos que seus discursos se dirigem; ele nunca os separa da alma. Buscar a origem dessa fábula hedionda não é o objeto de meu trabalho aqui, senão demonstrar-vos toda a sua loucura.

Falemos antes, por um instante, meus amigos, das causas que puderam produzi-la. As infelicidades do mundo, as transformações que ele experimentou, os fenômenos da natureza, foram incontestavelmente as primeiras; a física, mal conhecida, mal interpretada, teve de autorizar as segundas; a política tornou-se a terceira. A impotência onde se encontra o entendimento humano, em relação à faculdade de conhecer-se a si mesmo, vem menos da inexplicabilidade do enigma que da maneira pelo qual ele é proposto. Antigos preconceitos preveniram o homem contra sua própria natureza: ele quer ser o que não é; exaure-se em esforços para achar-se numa esfera ilusória, e que, ainda que ela existisse, não poderia ser a sua. De que maneira, segundo isso, pode ele reencontrar-se? Já não se demonstrou suficientemente o mecanismo do instinto entre os animais, unicamente por meio do concerto perfeito de seus órgãos? A experiência não nos prova que o instinto — nesses mesmos animais —, debilita-se em razão da alteração que sobrevém a eles, seja por acidente, seja por velhice, e que o animal é enfim destruído quando cessa a harmonia da qual era apenas o resultado? Como podemos cegar-nos a ponto de não reconhecer que o que acontece conosco é absolutamente a mesma coisa? Mas, para acabar de identificar em nós esses princípios, é preciso começar por convencer-nos de que a natureza, ainda que una em sua essência, modifica-se, no entanto, ao infinito; em seguida, não perder de vista esse axioma de eterna verdade, segundo o qual um efeito não poderia ser superior à sua causa; e, em definitivo, que todos os resultados de um movimento qualquer são distintos entre si; que eles ampliam-se ou enfraquecem-se em razão do vigor ou da fraqueza do peso que dá o impulso ao movimento.

Auxiliados pelo uso desses princípios, percorrereis a passos de gigante a via da natureza sensível. Por meio do primeiro, descobrireis essa unidade que ele anuncia: em toda parte, no reino animal, há sangue, ossos, carne, músculos, nervos, vísceras, movimento, instinto.

Pelo segundo, tereis a explicação da diferença que existe entre os distintos seres vivos da natureza: não ireis comparar o homem à tartaruga, nem o cavalo ao mosquito; mas fareis um plano de diversidade graduado, e tal que cada animal nele ocupe a posição que lhe convém. O exame das espécies vos convencerá de que a essência é a mesma em toda parte, e que as diversidades têm por objeto unicamente os modos. Concluireis disso que o homem não é o mais superior à matéria, causa produtora do homem, que o cavalo não é superior a essa mesma matéria, causa produtora do cavalo; e que se há superioridade entre essas duas espécies, o homem e o cavalo, ela se dá apenas nas modificações ou nas formas.

Vereis, pelo terceiro princípio, que os resultados de um movimento qualquer são diferentes entre si, e que eles ampliam-se ou enfraquecem-se em razão do vigor ou da fraqueza dos pesos que dão o impulso ao movimento: vós vos persuadireis, eu dizia, por esse princípio, que não existe nada de mais maravilhoso na construção do homem, quando se vem a compará-lo às espécies de animais que lhe são inferiores: de qualquer maneira que analisarmos, só vemos matéria em todos os seres que existem. — O quê! direis, o homem e a tartaruga são uma mesma coisa? — Não, com certeza, sua forma é diferente; mas a causa do movimento que os constitui a ambos é com toda a certeza a mesma coisa: "Suspendei um pêndulo à extremidade de um fio nesse teto;[1] colocai-o em movimento: a primeira linha que esse pêndulo descreverá terá toda a extensão que o comprimento do fio permitir, a segunda terá menos, a terceira ainda menos, até que enfim o movimento do pêndulo reduza-se a uma simples vibração, a qual terminará num repouso absoluto."

Sobre essa experiência, digo-me: o homem é o resultado do movimento o mais amplo, a tartaruga é apenas o resultado de uma vibração, mas a matéria a mais bruta foi a causa de um e do outro.

Os partidários da imortalidade da alma, para explicar o fenômeno do homem, dotam-no de uma substância desconhecida: nós materialistas, bem mais racionais, sem dúvida, consideramos suas qualidades apenas como o resultado de sua organização. As suposições resolvem muitas dificuldades, concordamos; mas elas não resolvem as questões. Indo ao objetivo com um passo bem mais rápido, apresento-vos tão-somente provas. O que há de particular é que nenhum desses semifilósofos está de acordo quanto à substância imaterial que eles admitem; a contrariedade de seus sentimentos seria inclusive, deve-se convir, um dos mais fortes argumentos que se poderia imputar-lhes: porém, desdenhando servir-me disso, entrego-me antes ao exame da questão que faz da alma uma substância criada.

Mil perdões; meus amigos, se, no decorrer desta dissertação, acho-me obrigado a empregar por um momento a admissão desse ser quimérico conhecido sob o

---

[1] Não ocultamos em absoluto o empréstimo dessa sábia comparação tomado a um homem de muito espírito: por essa razão nós a diferenciamos do texto pelo uso de aspas. (N. do A.)

nome de DEUS. Far-me-eis, espero, justiça para estar bem convictos de que o ateísmo sendo o mais sagrado de meus sistemas, só pode sê-lo por necessidade, e momentaneamente, que eu me sirvo dessas suposições; entretanto, todos os erros encadeando-se no espírito daqueles que os admitem, somos com frequência obrigados a reedificar um para combater e dissipar o outro. Pergunto, então, de acordo com essa hipótese da admissão de um Deus: onde esse Deus pôde encontrar a essência da alma? Ele a criou, dizeis-me. É, contudo, possível essa criação? Se Deus existisse sozinho, ele tudo ocuparia, exceto o absurdo nada. Deus, entediado com o nada, criou, segundo dizem, a matéria, quer dizer, deu o ser ao nada. Ei-lo, portanto, completamente ocupado; dois seres preenchem todo o espaço: Deus e a matéria. Se esses dois seres tudo preenchem, se eles formam o todo, não há lugar para novas criações; pois é impossível que uma coisa seja e não seja ao mesmo tempo. O espírito preenche desde logo todo o vazio metafísico; a matéria preenche fisicamente todo o vazio sensível: portanto, não há mais lugar para os seres de nova criação, a qualquer ponto que se reduza sua existência. Aqui se recorre a Deus, e diz-se que esse Deus recebe em si mesmo essas novas produções. Se Deus pôde alojar na esfera espiritual de sua infinidade novas substâncias de igual natureza, disso decorre claramente que ele não era de uma infinidade completa e perfeita, eis que sofreu adições. Quem diz infinidade, diz exclusão de todo limite: ora, um ser que exclui todo limite não é suscetível de adições.

Se se diz que Deus, por sua onipotência, estreitou sua essência infinita para dar lugar a substâncias recém-criadas, respondo que ele nunca foi infinito, porque, quando do estreitamente, o lado em que isto se deu permitiu ver um limite.

Mesmo que Deus pudesse receber em sua esfera as substâncias recém-criadas, é sempre certo que essa esfera experimentaria um vazio no início de cada substância que dela sairá para vir, na esfera da matéria, animar um corpo.

Esse vazio poderá subsistir sempre; pois, segundo os amantes desse absurdo, as almas condenadas ao suplício nunca sairão do inferno.

Se Deus preenche continuamente o vazio causado pela ausência de uma alma, é preciso que ele faça à sua própria substância um efeito retroativo, quando algumas dessas almas retornam a sua esfera: o que é absurdo; isso porque um infinito completo como vosso Deus, e cujas partes são elas mesmas infinitas, não poderia contrair-se nem ampliar-se.

Se o vazio, causado pela falta de uma alma, não é em absoluto preenchido, é um nada; pois é preciso que todo espaço contenha espírito ou matéria. Ora, Deus não pode preencher esse vazio, nem por sua própria substância, nem por porções de matéria, pois Deus não poderia conter matéria: assim, há o nada na divindade.

Aqui nossos adversários assumem um tom mais suave. Quando dizemos, sustentam eles, que Deus criou a alma humana, isso quer apenas dizer que ele a formou... Deve-se convir que essa modificação de termo não traz uma grande mudança na discussão.

Se Deus formou a alma humana, formou-a de alguma essência: foi no espírito ou na matéria que ele foi buscar.

Não pode ter sido no espírito, pois só existe um, que é o infinito, ou o próprio Deus; ora, todo mundo sente que é absurdo supor que a alma seja uma porção da divindade. É contraditório fazer-se um culto para si mesmo: é o que aconteceria se a alma fosse uma porção de Deus. É igualmente contraditório que uma substância puna eternamente uma porção destacada de si mesma. Em resumo, nessa hipótese, não vinde de modo algum falar-me nem de inferno nem de paraíso, já que seria absurdo que Deus punisse ou recompensasse uma substância dele emanada.

Deus, portanto, formou a alma de matéria, pois que só existem matéria e espírito. No entanto, se a alma foi formada de matéria, ela não pode ser imortal. Deus, se quiserdes, pode espiritualizar, diafanizar matéria até a impalpabilidade; mas não pode torná-la imortal, pois o que teve um começo deve seguramente ter um fim.

Os próprios teístas só podem conceber a imortalidade de Deus por sua infinidade; ele só é infinito porque exclui todo limite.

A matéria, por ser espiritualizada, não é menos divisível, pois a divisibilidade é essencial à matéria, e a espiritualização não muda a essência das coisas; ora, o que é divisível está sujeito à alteração; e o que é suscetível de alteração não é de maneira alguma permanente, e, ainda, bem menos imortal.

Nossos adversários, exasperados por todas essas objeções, lançam-se sobre a onipotência de deus. Basta-nos, dizem, estar convictos de que somos dotados de uma alma espiritual e imortal; pouco nos importa saber como e quando ela foi criada. O que há de constante, acrescentam, é que, por suas faculdades, não se pode julgá-la a partir de outra substância senão aquela que se supõe aos espíritos angélicos.

Recorrer sem cessar à onipotência como fazem os teístas, não é abrir a porta a todos os abusos? Não é introduzir um pirronismo universal em todas as ciências? Enfim, se a onipotência age contra as leis que ela mesma, segundo se diz, determinou, eu nunca poderia estar seguro de que um círculo não é um triângulo, pois ela poderá fazer com que a figura que eu tiver sob os olhos seja ao mesmo tempo um e outro.

A parte mais sã dos teístas, sentindo o quanto repugnava à razão supor a alma uma substância semelhante àquela de seu Deus, não hesitou em dizer que ela era uma substância, uma enteléquia de forma particular, tomada não sei onde, e, sobre o que se objetou, que à exceção de Deus que, por causa de sua infinidade excluindo todo limite, não tinha forma, tudo o que restava na natureza devia ter uma forma, e por consequência, uma extensão, eles confessaram sem dificuldade que a alma humana possui uma extensão, partes, um movimento local etc. Entretanto, é inútil argumentar contra nossos adversários. Eles nos confessam, como vemos, que a alma tem uma extensão, que é divisível, que tem partes; isso é suficiente para que sejamos levados a crer que esses mesmos que sustentam sua imortalidade não estão muito convictos de sua espiritualidade, e que essa opinião é insustentável: é tempo de convencer-vos disso.

Quem diz uma substância espiritual, diz um ser ativo, penetrante, sem que, no corpo que penetra, perceba-se algum vestígio de sua passagem: nossa alma está nessa hipótese? Ela vê sem enxergar, escuta sem ouvir, move-nos sem mover-se a si mesma; ora, tal ser não pode existir sem destruir a ordem social.

Para prová-lo, pergunto de que maneira as almas veem. Uns responderam que as almas viam tudo na divindade, como num espelho onde se refletem os objetos; os outros disseram que o conhecimento era-lhes tão natural quanto as outras qualidades das quais são providas. Seguramente, se a primeira dessas opiniões é absurda, pode-se muito bem assegurar que a segunda o é pelo menos o mesmo tanto; e, com efeito, não é impossível compreender como uma alma pode conhecer numa espécie geral todas as particularidades nela encontradas, e todas as condições dessas particularidades. Suponhamos a alma provida do conhecimento do bem e do mal em geral: essa ciência não lhe bastará para buscar um e para abstê-lo do outro. É preciso, para que um ser se determine constantemente a essa fuga ou a essa busca, que ele tenha conhecimento das espécies particulares do bem ou do mal que estão contidas sob esses dois gêneros absolutos e gerais. Os partidários do sistema de Escoto sustentavam que a alma humana não tinha absolutamente em si a força de ver, que ela não lhe tinha sido dada no momento de sua criação, que só recebia suas propriedades no momento das circunstâncias em que era obrigada a se servir delas.

Na suposição precedente, a alma, que tem um conhecimento, nascido com ela, do mal em geral, é uma substância impotente; pois ela vê o mal chegar e não o evita: a matéria é, então, o agente; ela, o paciente: o que é absurdo. Resulta da opinião de Escoto que o homem nada pode prever; o que é falso. Se de fato o homem estivesse reduzido a isso, sua condição seria bem inferior à da formiga, cuja previdência é inconcebível. Dizer que o homem imprime o conhecimento à alma, à medida que ela necessita exercer suas faculdades, é fazer de vosso Deus o autor de todos os crimes; e pergunto-vos se essas condições não revoltariam os mais firmes sectários desse Deus.

Eis portanto os partidários da alma imortal e espiritual reduzidos ao silêncio quanto à questão de saber como e por que meio essa alma vê e conhece as coisas. No entanto, eles não abandonam a liça: a alma humana, dizem eles, vê e conhece as coisas à maneira das outras substâncias sutis ou espirituais que são de mesma natureza que ela; o que, como se vê, é absolutamente nada dizer.

Na defesa de uma falsa opinião, as dificuldades renascem à medida que se dá a impressão de abatê-las. Se a alma humana não tem a faculdade de penetrar os objetos presentes, nem a de conceber os ausentes que lhe são desconhecidos, e fazer-se ideias verdadeiras deles a partir das quais ela possa julgar suas disposições interiores, se ela não puder receber impressão senão pela presença sensível dos objetos, e se ela só pode julgar sua qualidade pelos sintomas exteriores que os caracterizam, seu intelecto então não possui nem mais fineza, nem mais propriedades do que o instinto dos seres brutos que buscam ou fogem de certos objetos, segundo os movimentos que neles excitam as leis inalteráveis da simpatia ou da antipatia. Se assim for, como tudo nos prova... como é impossível duvidar disso, qual é, portanto, a loucura dos homens de supor-se uma criatura formada de duas substâncias distintas, enquanto os animais, que eles veem como puras máquinas materiais, são dotados, em razão do lugar que eles ocupam na cadeia dos seres, de todas as faculdades observadas na espécie humana! Um pouco menos de vaidade, e alguns instantes de reflexão sobre si mesmo bastariam ao homem para convencer-se de que ele só tem a mais do que os outros animais o que convém à sua espécie na ordem das coisas; e que uma propriedade indispensável do ser ao qual ela está ligada não é o presente gratuito de seu fabuloso autor, mas uma das condições essenciais desse ser, e sem a qual ele não seria o que é.

Renunciemos, então, ao ridículo sistema da imortalidade da alma, feito para ser tão constantemente desprezado quanto o da existência de um Deus tão falso, tão ridículo quanto ele.

***

Os primeiros homens, apavorados pelos fenômenos que os atingiam, tiveram de crer necessariamente que um agente sublime e desconhecido deles havia dirigido a manifestação e a influência desses fenômenos: o caráter da fraqueza é supor ou temer a força. O espírito do homem, ainda demasiado na infância para encontrar no seio da natureza as leis do movimento, únicas molas de todo mecanismo com o qual ele se surpreendia, achou mais simples supor um motor para essa natureza do que crê-la, ela própria, força motriz; e, sem refletir que ele teria ainda mais dificuldade em edificar, em definir esse mestre gigantesco, em conciliar com as qualidades que ele lhe imputava todos os defeitos que suas operações nos demonstram: que ele teria, dizia eu, mais dificuldade para tudo isso do que encontrar no estudo da natureza a causa do que o surpreendia, inebriou-se, cegou-se a ponto de admitir esse primeiro ser, e erigir-lhe cultos. A partir desse momento, cada nação compôs seres análogos a seus costumes, a seus conhecimentos e a seu clima. Logo houve sobre a terra tantas religiões quanto povos, tantos deuses quanto famílias. Sob todos esses execráveis ídolos, era, no entanto, fácil reconhecer esse fantasma absurdo, primeiro fruto da cegueira humana; o mímico estava fantasiado de forma diferente, mas continuava sendo o mesmo farsante; serviam-no por momices diferentes, mas era sempre o mesmo culto. Ora, o que prova essa unanimidade senão a idêntica estupidez de todos os homens, e a universalidade de sua fraqueza? Resulta daí que eu deva imitar sua inépcia! Se estudos mais profundos, se um espírito mais maduro e mais racional obriga-me a reconhecer, a penetrar os segredos da natureza, a convencer-me, enfim, como eu vos dizia há pouco, que, assim que o movimento está nela, a necessidade do motor torna-se nula, devo, desde logo, sufocando-me como vós sob o jugo vergonhoso dessa desprezível quimera, renunciar, para ser-lhe agradável, aos mais doces gozos da vida? Não, Justine, não, eu seria um extravagante se assim me comportasse: eu seria um louco indigno dessa razão que a natureza concede-me para desarmar as armadilhas que a imbecilidade ou a hipocrisia dos homens estendem-me a cada dia. Cessa de crer nesse Deus fantástico, minha criança: ele jamais existiu. A natureza basta a si mesma; ela não necessita em absoluto de um motor; esse motor, gratuitamente suposto, é apenas uma decomposição de suas próprias forças, é o que chamamos na escola uma petição de princípio. Um Deus supõe uma criação, isto é, um instante em que não houve nada ou então um instante em que tudo estivesse no caos. Se um ou outro desses estados era um mal, por que vosso imbecil Deus deixou-o subsistir? Era um bem? Por que ele o mudou? Mas se tudo é bem agora, vosso Deus nada mais tem a fazer; ora, se ele é inútil, pode ele ser poderoso? E se não é poderoso, pode ser Deus? Pode merecer nossas homenagens? Se a natureza move-se perpetuamente, em resumo, para que serve o motor? E se o motor age sobre a matéria movendo-a, como ele próprio não é matéria? Concebei o efeito do espírito sobre a matéria, e a matéria movida pelo espírito, que, ele próprio, não tem em absoluto movimento? Dizeis que vosso Deus é bom;

e, no entanto, segundo vós, malgrado sua aliança com os homens, malgrado o sangue de seu caro filho, vindo para fazer-se enforcar na Judeia, com o único objetivo de cimentar essa aliança, apesar de tudo isso, eu dizia, ainda haverá os dois terços e meio da espécie humana de condenados às chamas eternas, porque eles não terão recebido dele o perdão que eles lhe pedem todos os dias. Dizeis que esse Deus é justo! É ele bem imparcial em só conceder o conhecimento de um culto que lhe apraz a uma trigésima parte do universo, enquanto abandona o resto numa ignorância que ele punirá com o último suplício? O que diríeis de um homem que seria justo à maneira de vosso Deus? Ele é onipotente, acrescentaríeis. Entretanto, nesse caso, o mal apraz-lhe; pois existe sobre a terra infinitamente mais mal do que bem; contudo, ele o deixa subsistir. Não há aqui meio termo: ou esse mal lhe agrada, ou não tem o poder de opor-se a ele, e, num ou noutro caso, não devo arrepender-me de estar propenso a isso; pois, se ele não pode impedi-lo certamente não posso ser mais forte do que ele; e se ele apraz-lhe, não devo aniquilá-lo em mim. Ele é imutável, dizeis ainda: e, contudo, vejo-o mudar cinco a seis vezes de povos, leis, vontades, sentimentos. Por sinal, a imutabilidade supõe a impassibilidade: ora, um ser impassível não pode ser vingativo; e, no entanto, desejais que vosso Deus se vingue. Estremece-se, horrorizado, quando se vê a quantidade de ridículos e inconsequências que atribuís a esse fantasma quando se examina calmamente todas as qualidades ridículas e contraditórias com as quais seus partidários são obrigados a revesti-lo para compor um ser admissível, sem refletir que quanto mais eles o complicam, mais o tornam inconcebível, e que mais eles o justificam, mais o aviltam. Verificai, Justine, verificai como todos esses atributos destroem-se e absorvem-se mutuamente; e reconhecereis que esse ser execrável, nascido do temor de uns, da astúcia dos outros, e da ignorância de todos, é um aviltamento revoltante que não merece de nós nem um instante de fé, nem um momento de respeito; uma extravagância deplorável que repugna o espírito, que revolta o coração, e que só saiu das trevas para o tormento e a humilhação dos homens. Execrai essa quimera; ela é horrenda; ela só pode existir no estreito cérebro dos imbecis ou dos frenéticos: não há quimera mais perigosa ao mundo, nenhuma que deva ser ao mesmo tempo temível... mais detestada pelos humanos.

Que a esperança ou o temor de um mundo futuro, fruto dessas primeiras mentiras, não vos inquiete em nada, Justine; cessai, sobretudo, de desejar criar-vos freios. Fraca porção de matéria vil e bruta, em nossa morte, quer dizer, à reunião dos elementos que nos compõem aos elementos da massa geral, para sempre aniquilados, qualquer que tenha sido nossa conduta, passaremos um instante no cadinho da natureza para dele ressurgir sob outras formas: e isso sem que haja mais prerrogativas para aquele que terá loucamente louvado a virtude toda a sua vida do que para aquele que tiver se comprazido nos crimes mais hediondos — pois nada há que possa ofender a natureza —, e para todos os homens, igualmente emanados de seu seio; e tendo agido, quando estavam sobre a terra, apenas segundo os impulsos dessa mãe comum, reencontrarão todos, após sua existência, o mesmo fim e o mesmo destino.

A história de Juliette, ou as prosperidades do vício inscreve-se na extensa linhagem de confissões e autobiografias de prostitutas, ficcionais ou não, muito populares no século XVIII. Nessa obra, escrita por volta de 1796, e publicada clandestinamente no ano seguinte, Sade relata a trajetória de Juliette, a irmã devassa de Justine. Iniciada muito jovem na libertinagem, Juliette faz do vício não apenas uma filosofia de vida, mas o enaltece como a verdadeira via para a felicidade terrena, a única possível num mundo destituído de Deus.

HISTÓRIA DE JULIETTE

Há dogmas que somos obrigados, algumas vezes, não a admitir mas a supor, a fim de estarmos em condição de combater outros deles. Para aniquilar a vossos olhos o dogma imbecil do inferno, é preciso que me permitais restabelecer aqui, por um instante, a quimera teísta. Obrigado a servir-me dela como ponto de apoio nessa importante dissertação, faz-se necessário que eu lhe conceda uma existência momentânea; isso me perdoareis, espero, ainda mais porque, seguramente, não suspeitais de que eu possa crer nesse abominável fantasma.

O dogma do inferno é por si mesmo, confesso, tão destituído de verossimilhança, todos os argumentos que se pretende estabelecer para reforçá-lo são tão fracos, contradizem de forma tão manifesta a razão, que, quase enrubescemos pela obrigação de combatê-los. Não importa, arranquemos impiedosamente aos cristãos até a esperança de tornar a acorrentar-nos aos pés de sua atroz religião, e façamo-los verem que o dogma sobre o qual eles se fundamentam o mais imperiosamente para apavorar-nos, dissipa-se, assim como todas as outras quimeras, diante da mais fraca centelha da chama da filosofia.

Os primeiros argumentos dos quais se servem para estabelecer essa perniciosa fábula são:

1º Que o pecado sendo infinito, em relação ao Ser a quem se ofende, merece por consequência castigos infinitos; que Deus tendo ditado leis, faz parte de sua grandeza punir aqueles que as transgridem.

2º A universalidade dessa doutrina e a maneira como é anunciada na Escritura.

3º A necessidade desse dogma para conter os pecadores e os incrédulos.

Eis as bases que devemos aniquilar.

Convireis, gabo-me disso, que a primeira destrói-se naturalmente pela desigualdade dos delitos. Segundo essa doutrina, a mais leve falta se acharia, então, punida como a mais grave; ora, pergunto-vos se, admitindo um Deus justo, torna-se possível supor uma iniquidade dessa espécie? Quem, por sinal, criou o homem? Quem lhe deu as paixões que os tormentos do inferno devem punir nele? Não foi vosso Deus? Assim, portanto, cristãos imbecis, admitis que, por um lado, esse Deus ridículo consente ao homem tendências que, por outro, acha-se obrigado a punir? Mas ele ignorava, contudo, que essas tendências deviam ultrajá-lo? Se ele o soubesse, de onde vem que ele lhos dê dessa maneira? E se não o soubesse, por que o pune por um erro que é exclusivamente seu?

Segundo as condições as quais sustentam ser necessárias à salvação, parece evidente que seremos bem mais certamente danados que salvos. Ora, pergunto ainda se faz parte da justiça tão vangloriada de vosso Deus, ter colocado sua infeliz e irrisória obra em tão cruel posição, e, de acordo com esse sistema, como vossos doutores ousam dizer que a felicidade e a infelicidade eternas são igualmente apresentadas ao homem e dependem unicamente de sua escolha? Se a maior parte da espécie humana está destinada a ser eternamente infeliz, um Deus que tudo sabe devia sabê-lo: por que, então, segundo isso, o monstro criou-nos? Foi forçado a isso? Então não é mais livre. Ele o fez em conhecimento de causa? Ele é, portanto um bárbaro. Não, Deus não era forçado a criar o homem, e se o fez unicamente para submetê-lo a tal destino, a propagação de nossa espécie torna-se desde logo o maior dos crimes, e nada seria mais desejável do que a extinção total da espécie humana.

Se, contudo, esse dogma parece-vos um instante necessário à grandeza de Deus, pergunto-vos por que esse Deus tão grande e tão bom não deu ao homem a força necessária para garantir-se do suplício? Não é cruel da parte de Deus deixar ao homem a faculdade de perder-se eternamente, e encontrareis, um dia, um meio para desculpar vosso Deus pela justa censura de ignorância ou maldade?

Se todos os homens são obras semelhantes da divindade, por que todos não se põem de acordo quanto ao tipo de crimes que deve valer ao homem essa eternidade de suplícios? Por que o hotentote condena à danação o chinês que merece o paraíso, e de onde vem que este assegure o céu ao cristão que merece o inferno? Não terminaríamos nunca, se quiséssemos enumerar as opiniões variadas dos pagãos, dos judeus, dos maometanos, dos cristãos, a propósito dos meios que devemos empregar para escapar aos suplícios eternos, e para obter a felicidade, se quiséssemos descrever as invenções pueris e ridículas que imaginamos para alcançar isso.

A segunda das bases dessa ridícula doutrina é a maneira como é anunciada nas Escrituras, e sua universalidade.

Evitemos crer que a universalidade de uma doutrina possa alguma vez tornar-se uma qualificação em seu favor. Não há loucura, não há extravagância que não tenha sido geralmente adotada no mundo; que não tenha tido seus admiradores e seus crentes; enquanto houver homens, haverá loucos, e enquanto houver loucos, haverá deuses, cultos, um paraíso, um inferno, etc. Mas as Escrituras o anunciam! Admitamos, por um momento, que os livros assim denominados tenham alguma autenticidade, e que verdadeiramente lhes seja devido algum respeito. Eu o disse, há quimeras que se deve algumas vezes reedificar, para poder combater outras. Pois bem! responderei antes de tudo a isso, de que é muito dubitável que as Escrituras falem. Supondo, portanto, que assim seja, o que elas dizem disso não pode dirigir-se senão àqueles que têm conhecimento dessas Escrituras e que as admitem como infalíveis; aqueles que não as conhecem, ou que se recusam a crer nelas, não podem ser convencidos por sua autoridade. Todavia, não dizem que aqueles que não têm nenhum conhecimento dessas Escrituras, ou aqueles que não creem nelas, estão expostos aos castigos eternos, como aqueles que as conhecem ou que nelas creem? Ora, pergunto-vos, há no mundo maior injustiça do que essa?

Dir-me-eis, talvez, que, povos totalmente desconhecidos de vossas absurdas Escrituras, não deixaram de crer nos castigos eternos numa vida futura; isso pode ser verdadeiro com respeito a alguns povos, enquanto muitos outros não tiveram nenhum conhecimento desses dogmas; porém, como um povo a quem a Bíblia era desconhecida conseguiu formar essa opinião? Não dirão, espero, que esta seja uma ideia inata; se assim fosse, ela seria comum a todos os homens. Não sustentarão em absoluto, assim penso, que ela é obra da razão, pois, é verdade, a razão não ensinará ao homem que, por faltas finitas, ele sofrerá penas infinitas; não é de modo algum a revelação, porquanto o povo que supomos não a conhece. Esse dogma, hão de convir, só chegou ao povo, o qual acabamos de admitir, pela instigação de seus sacerdotes, ou por sua imaginação. Pergunto-vos, de acordo com isso, o que pode haver de sólido!

Se alguém imaginasse que a crença nos castigos eternos houvesse sido transmitida pela tradição a povos que não a conhecessem da Escritura, poderíamos perguntar de onde extraíram essa opinião aqueles que, no início, disseminaram-na. E, se não podemos achar que eles a tenham recebido por uma revelação divina, seremos obrigados a convir que essa opinião gigantesca tem apenas por base o desequilíbrio da imaginação ou a velhacaria.

Supondo que a Escritura, *pretensamente santa*, anuncia aos homens castigos numa vida futura, e admitindo esse fato como uma verdade incontestável, não poderíamos perguntar como os autores da Escritura puderam saber que existiam tais castigos? Não deixarão de responder que foi por inspiração; pois muito bem, mas aqueles que não foram absolutamente favorecidos por essa iluminação particular foram, portanto, obrigados a confiar em outros; ora, rogo-vos dizer-me que confiança devemos ter em pessoas que vos dizem sobre um fato de tal importância: Eu o creio porque fulano disse-me que o tinha sonhado. Eis, portanto, o que absorve, o que torna feroz e tímida a metade dos homens; eis, então, o que os impede de entregar-se às mais doces inspirações da natureza! Podemos levar mais longe a aberração e o absurdo. Todavia, vossos inspirados não falaram a todo mundo; a maior parte da espécie humana ignora seus sonhos. No entanto, todos os homens não são tão interessados em assegurar-se da realidade desse dogma quanto podem sê-lo os escritores da Bíblia ou seus adeptos? Como é possível, então, que todos não possam ter a mesma certeza? Eles estavam todos interessados em informar-se quanto aos castigos eternos: por que, então, Deus não deu esse sublime conhecimento a todos, direta e imediatamente, sem o concurso e a participação de pessoas das quais podemos suspeitar de fraude ou erro? Ter positivamente feito todo o contrário caracteriza, pergunto-vos, a conduta de um ser que me pintais como infinitamente bom e sábio? Essa conduta, bem longe disso, não apresenta todos os atributos da estupidez e da maldade? Em todos os governos, quando se fazem leis que atribuem penas contra os infratores, não se aplicam todos os meios possíveis para fazer conhecer essas leis e esses castigos? Pode-se em pleno uso da razão castigar um homem pela infração cometida a uma lei que lhe é desconhecida? O que devemos concluir dessa série de verdades? É que jamais o sistema do inferno foi outra coisa senão o resultado da maldade de alguns homens e da extravagância de muitos outros.

A terceira base desse dogma pavoroso é sua necessidade para conter os pecadores e os incrédulos.

Se a justiça e a glória de Deus exigissem que ele puna os pecadores e os incrédulos com tormentos eternos, é certo que a justiça e a razão também exigiriam que fosse possível ao poder de uns não pecar, e ao poder dos outros não ser incrédulos; ora, qual é o ser assaz absurdo para supor que o homem seja livre? Quem é aquele que se cega a ponto de não ver que, envolvidos em todas as nossas ações, não somos senhores de nenhuma, e que o Deus do qual portamos essas correntes seria (supondo sua existência, o que não faço, como o vedes, senão com repugnância), seria, eu dizia, o mais injusto e o mais bárbaro dos seres se ele nos punisse tornando-nos, malgrado nossa vontade, vítima dos defeitos nos quais sua mão inconsequente mergulha-nos com prazer.

Não está claro que é o temperamento que a natureza dá aos homens, que são as diferentes circunstâncias de sua vida, sua educação, suas sociedades, que determinam suas ações e sua direção para o bem ou para o mal? Mas se assim é, talvez nos objetem, as punições que se lhes infligem neste mundo, em razão de sua má conduta, são, portanto, igualmente injustas? Seguramente que sim. Mas aqui o interesse geral sobrepõe-se ao interesse particular; é dever das sociedades suprimir de seu seio os perversos capazes de prejudicá-las; e eis o que justifica leis que, vistas apenas segundo o interesse particular, seriam monstruosamente injustas. Mas vosso Deus tem as mesmas razões para punir o perverso? Não, sem dúvida; ele nada tem a sofrer por suas maldades, e se assim é, deve-se ao fato de que aprouve a esse Deus criá-lo dessa maneira. Seria atroz infligir-lhe tormentos, para ter se tornado sobre a terra o que esse execrável Deus bem sabia o que ele se tornaria, e que pouco lhe importa aquilo que o homem se torne.

Provemos agora que as circunstâncias que determinam a crença religiosa dos homens não são absolutamente de seu poder.

Pergunto, inicialmente, se podemos escolher nascer sob tal ou qual clima; e se, uma vez nascidos num culto qualquer, depende de nós subjugar nossa fé a ele. Há sequer uma única religião que exalte as paixões? E as paixões que nos vêm de Deus não são elas preferíveis às religiões que nos vêm dos homens? Qual seria, portanto, esse Deus bárbaro que nos puniria eternamente por ter duvidado da verdade de um culto cuja admissão ele aniquila em nós por meio das paixões que o destroem a todo momento? Que extravagância! Que absurdo! E como não lamentar o tempo que se perde em dissipar tais trevas?!

Todavia, avancemos e não deixemos, se possível, nenhum meio de defesa aos imbecis partidários do mais ridículo dos dogmas.

Se dependesse de todos os homens ser virtuosos e crer em todos os dogmas de sua religião, ainda seria preciso examinar se seria justo que homens fossem eternamente punidos, fosse por causa de sua fraqueza, fosse por causa de sua incredulidade, quando é inquestionável que nenhum bem pode resultar desses suplícios gratuitos.

Afastemos o preconceito para decidir essa questão e reflitamos, sobretudo, quanto à equidade que admitimos em Deus. Não é delirar, dizer que a justiça desse Deus exige a eterna punição dos pecadores e dos incrédulos? A ação de punir com uma severidade desproporcional à falta não é em si muito mais vingança e crueldade da justiça? Assim, sustentar que Deus pune dessa maneira é evidentemente blasfemar. Como esse Deus, que pintais tão bom, poderá fundamentar sua glória em punir assim as fracas obras de suas mãos? Seguramente, aqueles que sustentam que a glória de Deus o exige, não percebem toda a enormidade dessa doutrina. Eles falam da glória de Deus, e não poderiam se representar uma ideia dela. Se fossem capazes de julgar a natureza dessa glória, se pudessem elaborar noções razoáveis dela, sentiriam que se esse ser existe, ele não poderia estabelecer sua glória senão em sua bondade, sua sabedoria e no poder ilimitado de comunicar aos homens a felicidade.

Acrescentamos, em segundo lugar, para confirmar a doutrina odiosa da eternidade das penas, que ela foi adotada por um grande número de homens profundos e sábios teólogos. Primeiramente, nego o fato: a maior parte deles duvidou desse dogma. E se a outra pareceu crer nele, é fácil ver o motivo: o dogma do inferno era um jugo, um laço a mais com o qual os padres queriam sobrecarregar os homens; conhecemos o império do terror sobre as almas, e sabemos que a política sempre necessita do terror, tão logo se trata de subjugar.

Mas esses livros pretensamente santos que vós me citais vêm de uma fonte assaz pura para não poder rejeitar o que eles nos oferecem? O mais simples exame basta para convencer-nos de que, bem longe de ser, como ousam no-lo dizer, a obra de um Deus quimérico que nunca escreveu nem falou, eles apenas são, ao contrário, a obra de homens fracos e ignorantes, e que, sob esse aspecto, só devemos a eles desconfiança e desprezo. No entanto, supondo que esses escritores tivessem algum bom senso, qual seria, rogo-vos, o homem bastante estúpido para apaixonar-se por tal ou qual opinião, apenas porque a teria encontrado num livro? Sem dúvida, ele pode adotá-la, mas sacrificar a ela a felicidade e a tranquilidade de sua vida, repito-o, só um louco é capaz desse procedimento. Por sinal, se me objetardes o conteúdo de vossos pretensos livros santos em favor dessa opinião, será nesses mesmos livros que provarei a opinião contrária.

Abro o Eclesiastes, e leio o seguinte:

"O estado do homem é o mesmo que o dos animais. O que acontece aos homens e o que acontece aos animais é a mesma coisa. Tal é a morte de uns, tal é a morte dos outros; eles têm todos um mesmo hálito, e o homem não é superior ao animal; pois tudo é vaidade, tudo vai para o mesmo lugar, tudo foi feito de pó, e tudo retorna ao pó". (Eclesiastes, cap. 3, 18-20)

Há algo de mais decisivo contra a existência de uma outra vida que essa passagem? Há algo de mais apropriado para sustentar a opinião contrária àquela da imortalidade da alma e do dogma ridículo do inferno?

Que reflexões vêm, então, ao homem sensato, ao examinar essa fábula absurda da eterna condenação do homem no paraíso terrestre, por ter comido um fruto proibido? Por mais minuciosa que seja essa fábula, por mais asquerosa que a achemos, que me permitam deter-me um momento nela, porquanto é dela que partimos para a admissão das penas eternas do inferno. É necessário outra coisa além do exame imparcial desse absurdo, para reconhecer sua nulidade? Ó, meus amigos! pergunto-vos se um homem repleto de bondade plantaria em seu jardim uma árvore que produzisse frutos deliciosos, porém envenenados, e contentar-se-ia com proibir seus filhos de comê-los, dizendo-lhes que morreriam se ousassem tocá-los? Se ele soubesse que havia tal árvore em seu jardim, esse homem prudente e sábio não teria, ao contrário, a atenção de mandar abatê-la, sobretudo sabendo muito bem que, sem essa precaução, seus filhos não deixariam de perecer ao comerem seu fruto, e levar sua posteridade à miséria? Todavia, Deus sabe que o homem será perdido, ele e sua raça, se comer fruto, e não apenas coloca nele o poder de ceder, como também traz a maldade a ponto de seduzi-lo. Ele sucumbe, e é perdido; faz o que Deus permite que ele faça, o que Deus o incita a fazer, e ei-lo eternamente infeliz. Há no mundo algo de mais absurdo e mais cruel? Sem dúvida, e repito-o, eu não me daria ao trabalho de combater tal absurdo se o dogma do inferno, do qual quero aniquilar aos vossos olhos até o mais leve vestígio, não tivesse uma pavorosa consequência.

Vejamos em tudo isso tão-somente as alegorias com as quais é possível divertir-se por um instante, mas que seria odioso crer, e das quais sequer deveria ser permitido falar como se faz com as fábulas de Esopo e as quimeras de Milton, com a diferença de que estas são de pouca importância, enquanto aquelas, buscando cativar nossa fé, perturbar nossos prazeres, tornam-se o perigo mais evidente, e que se faz mister tratar de aniquilá-las a ponto de nunca mais termos de nos ocupar delas.

Convençamo-nos, portanto, de que tanto esses fatos como aqueles que estão registrados no medíocre romance conhecido sob o nome de *Santa Escritura*, não passam de mentiras abomináveis, dignas do mais profundo desprezo, e das quais não devemos extrair nenhuma consequência para a felicidade ou para a infelicidade de nossa vida. Persuadamo-nos de que o dogma da imortalidade da alma, que foi preciso admitir antes de destinar essa alma a penas ou a recompensas eternas, é a mais medíocre, a mais grosseira e a mais indigna das mentiras que seja possível fazer; que tudo perece em nós como nos animais, e que, por essa razão, qualquer que tenha sido a conduta por nós mantida neste mundo, não seremos nem mais felizes, nem mais infelizes, depois de termos nele permanecido o tempo que apraz à natureza nos dar.

Disseram que a crença nos castigos eternos era absolutamente necessária para conter os homens, e que é preciso, por isso, evitar destruí-la. Todavia, se é evidente que essa doutrina é falsa, se é impossível que ela se sustente ao exame, não será infinitamente mais perigoso que útil apoiar a moral sobre ela? E não é certo que ela prejudicará mais do que fará bem, assim que o homem, após tê-la apreciado, entregar-se-á ao mal, porque a terá reconhecido falsa? Não seria mil vezes melhor que ele não tivesse absolutamente freios a ter um que rompe com tanta facilidade? No primeiro caso, a ideia do mal talvez não lhe tivesse ocorrido; ela lhe ocorrerá naquele do rompimento do freio, porque existe um prazer a mais, e porque a perversidade do homem é tal que ele só adora o mal e a ele se consagra com a maior boa vontade quando crê encontrar um obstáculo a entregar-se.

Aqueles que refletiram atentamente quanto à natureza do homem serão forçados a convir que todos os perigos, todos os males, por maiores que possam ser, perdem muito de seu poder quando estão afastados, e parecem menos a temer que os pequenos quando estes estão sob nossos olhos. É evidente que os castigos imediatos são bem mais eficazes e bem mais apropriados a desviar do crime do que os castigos futuros. Com relação às faltas sobre as quais as leis não têm absolutamente meios para agir, não são os homens bem mais eficazmente desviados pelos motivos de saúde, decência, reputação, e por outras considerações temporais e presentes que eles têm sob os olhos do que pelo temor das infelicidades futuras e sem fim que, raramente, apresentam-se a seu espírito, ou que nunca vêm a eles senão como ondas, incertas e fáceis de evitar?

Para julgar se o temor pelos castigos eternos e rigorosos do outro mundo é mais apropriado a desviar os homens do mal, do que o temor pelos castigos temporais e presentes do mundo atual, admitamos, por um momento, que o primeiro desses temores, subsistindo universalmente, o último fosse inteiramente descartado: nesta hipótese, o universo não seria logo inundado por crimes? Admitamos o contrário, suponhamos que o temor pelos castigos eternos fosse aniquilado, enquanto aquele pelos castigos visíveis permanecesse em todo o seu rigor; e enquanto se veria esses castigos serem executados infalível e universalmente, não se reconheceria, nesse caso, que esses últimos agiriam com bem mais força sobre o espírito dos homens, e influiriam bem mais sobre sua conduta, que os castigos distantes do futuro, que se perde de vista tão logo falam as paixões?

A experiência cotidiana não nos fornece provas convincentes do pouco efeito que o temor pelos castigos da outra vida produz sobre muitos daqueles que são os mais persuadidos disso? Não há povos mais convictos do dogma da eternidade das penas do que os espanhóis, os portugueses e os italianos: há povos mais dissolutos que eles? Cometem-se, enfim, mais crimes secretos do que entre os padres e monges, quer dizer, entre aqueles que parecem os mais convictos das verdades religiosas? E isso não prova evidentemente que os bons efeitos produzidos pelo dogma dos castigos eternos são muito raros e muito incertos? Iremos ver que esses maus efeitos são inumeráveis e certos. Com efeito, semelhante doutrina, enchendo a alma de amargura, lança nela as noções mais revoltantes da Divindade: ela enrijece o coração, e o mergulha num desespero desvantajoso para essa Divindade cujo sistema pretendeis consolidar por esse dogma. Esse pavoroso dogma leva, ao contrário, ao ateísmo, ao sacrilégio: todas as pessoas razoáveis, achando bem mais simples não crer absolutamente em Deus, do que admitir um, assaz cruel, assaz inconsequente, assaz bárbaro para ter criado os homens apenas com a intenção de mergulhá-los eternamente na infelicidade.

Se desejais que um Deus seja a base de vossa religião, fazei ao menos com que esse Deus seja sem defeito; se ele é imbecil, como é o vosso, logo se detestará a religião que ele consolida, e, por vossa má combinação, tereis necessariamente prejudicado a ambos.

É possível que uma religião possa ser por muito tempo acreditada, respeitada, quando é fundada sobre a crença de um Deus que deve punir eternamente um número infinito de suas criaturas, por tendências inspiradas por ele próprio? Todo homem persuadido desses pavorosos princípios deve viver no temor contínuo de um ser que pode torná-lo eternamente miserável: isso posto, como poderá ele um dia amar ou respeitar esse ser? Se um filho imagina que seu pai fosse capaz de condená-lo a tormentos cruéis, ou não quisesse isentá-lo de sofrê-los se fosse senhor disso, teria por ele respeito ou amor? As criaturas formadas por Deus não têm elas o direito de esperar bem mais de sua bondade, do que os filhos esperam da bondade de um pai, mesmo o mais indulgente? Não se encontram os homens na convicção de que é da bondade de seu Deus que eles recebem todos os bens dos quais usufruem, que esse Deus os conserva e os protege, que é ele que lhes proporcionará posteriormente o bem-estar que eles esperam, não são, digo, todas essas ideias que servem de fundamento à religião? Se vós as execrais, a religião deixa de existir; daí podeis ver que vosso dogma imbecil do inferno destrói, em vez de consolidar, estremece as bases do culto, em vez de reforçá-las, e que só estúpidos puderam crer nele, e patifes que puderam inventá-lo.

Não duvidemos disso, esse ser, do qual ousam falar-nos incessantemente, é de fato desbotado, desonrado pelas cores ridículas das quais os homens se servem para no-lo pintar. Se eles não construíssem ideias absurdas e despropositadas da Divindade, não a suporiam cruel: e se não a acreditassem cruel, não a imaginariam que fosse capaz de puni-los por tormentos infinitos, ou mesmo, que ela pudesse consentir que as obras de suas mãos fossem eternamente privadas da felicidade.

Para eludir a força desse argumento, os partidários do dogma da danação eterna dizem que a desgraça dos danados não é absolutamente um castigo arbitrário da parte de Deus, senão uma consequência do pecado e da ordem imutável das coisas. E de onde o sabeis, eu lhes perguntaria com relação a isso? Se sustentais que a Escritura instrui-vos quanto a isso, vós vos achareis bem embaraçados quando se tratar de prová-lo; e se conseguísseis encontrar sequer uma passagem que fale disso, quantas coisas eu não vos perguntaria para convencer-me da autenticidade, da santidade, da veracidade da pretensa passagem que tivésseis encontrado em vosso favor? É esta a razão que vos sugeriu esse dogma atroz? Dizei-me, nesse caso, como conseguireis associá-lo com a injustiça de um Deus que forma uma criatura, conquanto bem certa que os decretos imutáveis das coisas devam eternamente envolvê-la num oceano de infelicidades. Se é verdade que o universo seja criado e governado por um ser infinitamente poderoso, infinitamente sábio, é preciso absolutamente que tudo concorra para suas intenções, e tudo caminhe para o melhor possível. Ora, que benefício pode resultar, para a maior vantagem do universo, que uma criatura fraca e infeliz seja eternamente atormentada por faltas que nunca dependeram dela?

Se a multidão de pecadores, infiéis, incrédulos fosse de fato destinada a sofrer tormentos cruéis e sem fim, que horrível cena de miséria para a raça humana! Bilhões de homens seriam, portanto, impiedosamente sacrificados a suplícios infinitos: significaria, com efeito, que o destino de um ser sensível e razoável tal qual o homem, seria verdadeiramente horrível. Como se não bastassem essas tristezas às quais ele está condenado nesta vida, ser-lhe-ia ainda necessário temer penas e tormentos pavorosos, quando tivesse terminado sua carreira! Que horror! Que execração! Como tais ideias podem entrar no espírito humano, e como não convencer-se de que elas são o fruto apenas da impostura, da mentira e da mais bárbara política? Ah! não cessemos de convencer-nos de que essa doutrina, nem útil, nem necessária, nem eficaz para desviar os homens do mal, só pode servir de base a uma religião cujo único objetivo seria submeter escravos; impregnemo-nos da ideia de que esse dogma execrável possui as consequências mais deploráveis, visto que ele só serve a encher a vida de amargura, terrores e alarmes... a fazer conceber ideias tais, da Divindade, que não seja mais possível não destruir seu culto, após ter tido a infelicidade de adotá-lo, o que o degrada tão formalmente.

É verdade, se cremos que o universo foi criado e é governado por um ser cujo poder, cujas sabedoria e bondade sejam infinitas, devemos concluir disso que todo mal absoluto deve ser necessariamente excluído desse universo; ora, não é dubitável que a desgraça eterna da maior parte dos indivíduos da espécie humana seria um mal absoluto. Que papel infame fazeis esse abominável Deus representar, supondo-o culpado de tal barbárie! Em poucas palavras, suplícios eternos repugnam a bondade infinita do Deus que supondes: ou cessai de fazer-me crer nisso, ou suprimi vosso dogma selvagem das penas eternas, se desejais que eu possa adotar por um instante vosso Deus.

Não acrescentemos mais fé ao dogma do paraíso

do que ao do inferno: um e outro são as atrozes invenções dos tiranos religiosos que pretendiam acorrentar a opinião dos homens e mantê-la curvada sob o jugo despótico dos soberanos. Persuadamo-nos de que somos apenas matéria, que não existe absolutamente nada fora de nós; que tudo o que atribuímos à alma não é senão um efeito completamente simples da matéria; e isso a despeito do orgulho dos homens que nos distingue do animal, enquanto que, como ela, restituindo à matéria os elementos que nos animam, não seremos nem mais punidos por más ações aonde nos tiverem levado os diferentes tipos de organização que recebemos da natureza, nem mais recompensados pelas boas, das quais só devemos o exercício a um tipo de organização contrária. Portanto, é igual conduzir-se bem ou mal, levando-se em conta o destino que nos aguarda após essa vida; e se conseguimos passar todos os instantes dessa vida no centro dos prazeres, embora essa maneira de existir tenha podido perturbar todos os homens, todas as convenções sociais, seguramente, se nós nos colocamos ao abrigo das leis, o que é a única coisa essencial, então, com toda certeza, seremos infinitamente mais felizes do que o imbecil que, no temor dos castigos de uma outra vida, proibira-se rigorosamente nesta tudo o que podia aprazer-lhe e deleitá-lo; pois é infinitamente mais essencial ser feliz nesta vida, da qual estamos seguros, do que renunciar à felicidade certa que se nos oferece, na esperança de obter uma outra, imaginária, da qual não temos e não podemos ter a mais leve ideia. Pois bem, qual pôde ter sido o indivíduo assaz extravagante, para tentar persuadir os homens de que eles podem tornar-se mais infelizes após esta vida, do que eles o eram antes de tê-la recebido? Foram eles que pediram para nascer?

Foram eles que se deram as paixões que, segundo vosso pavoroso sistema, precipitam-nos em tormentos eternos? Não, não! Eles não eram os senhores de nada, e é impossível que possam em algum momento ser punidos pelo que não dependia deles.

Todavia, não basta lançar um olhar sobre nossa miserável espécie humana para convencer-se de que nada há nela que anuncie a imortalidade? O quê! Essa qualidade divina, melhor dizendo, essa qualidade impossível à matéria, poderia pertencer a esse animal que denominam homem? Aquele que bebe, come, perpetua-se como os animais, que tem por toda vantagem um instinto um pouco mais refinado, poderia pretender um destino tão diferente daquele desses mesmos animais: é possível admitir-se isso por um minuto sequer? Mas o homem, segundo dizem, chegou ao sublime conhecimento de seu Deus: só por isso, ele anuncia ser digno da imortalidade a que supõe. E o que tem de sublime esse conhecimento de uma quimera, senão o fato de que desejais sustentar, porquanto o homem tenha chegado a ponto de delirar com relação a um objeto, que é preciso absolutamente que ele delire com respeito a tudo? Ah, se o infeliz tem alguma vantagem sobre os animais, quanto estes não têm, por sua vez, sobre ele! A que maior número de enfermidades e doenças não está ele sujeito? De que maior quantidade de paixões não é ele vítima? Tudo combinado, tem ele, de fato, alguma vantagem a mais? E essa pouca vantagem pode dar-lhe bastante orgulho para crer que ele deva eternamente sobreviver a seus irmãos? Ó, infeliz humanidade! A que grau de extravagância teu amor-próprio te fez chegar! E quando, liberada de todas essas quimeras, verás em ti mesma apenas um animal, em teu Deus só o *nec plus ultra* da extravagância humana, e no decorrer dessa vida apenas uma passagem que ele permitiu-te percorrer no seio do vício como no da virtude?

Entretanto, permiti-me entrar numa discussão mais profunda e mais espinhosa.

Alguns doutores da Igreja sustentaram que Jesus desceu aos infernos. Quantas refutações não sofreu essa passagem! Não entraremos nas diferentes dissertações que aconteceram com relação a esse tema: elas seriam insustentáveis, sem dúvida, segundo a filosofia, e é só a ela que falamos. É certo que nem a Escritura, nem nenhum de seus comentadores, decide positivamente, nem quanto a lugar do inferno, nem quanto aos tormentos que lá se experimenta. Isso posto, a palavra de Deus não nos esclarece nada, porquanto o que a Escritura nos ensina deve ser positivo e distintamente enunciado, sobretudo quando se trata de um objeto da maior importância. Ora, é bem certo que não há, nem no texto hebreu, nem nas versões grega e latina, uma única palavra que designe o inferno, no sentido que nós damos a ele, quer dizer, um lugar de tormentos destinado aos pecadores. Esse testemunho não é bem forte contra a opinião daqueles que sustentam a realidade desses tormentos? Se não se cogita absolutamente do inferno na Escritura, com que direito, rogo-vos, ousam admitir semelhante noção? Somos forçados, em religião, a admitir outra coisa senão o que está escrito? Ora, se essa opinião não o é, se ela se encontra em nenhum lugar, em virtude do que a adotaríamos? Não devemos em absoluto ocupar nosso espírito com o que não foi revelado; e tudo o que não está nesse caso só pode legitimamente ser visto por nós como fábulas, vagas suposições, tradições humanas, invenções da impostura. Por força de buscar, acham, contudo, que havia um lugar, perto de Jerusalém, denominado o vale da Geena, no qual executavam os criminosos, e no qual também lançavam-se os cadáveres dos animais. É desse lugar que quer falar Jesus em suas alegorias, quando diz: *Illic erit fletus et stridor dentium*.[1] Esse vale era um lugar de tormento, um lugar de suplício; e é incontestavelmente dele que Jesus fala em suas parábolas, em seus ininteligíveis discursos. Essa ideia é tanto mais verossímil porque o suplício do fogo era empregado nesse vale. Ali se queimavam vivos os culpados; outras vezes, enfiavam-nos até os joelhos no estrume; colocavam-lhes em torno do pescoço uma peça de tecido que dois homens puxavam cada um de seu lado, a fim de estrangulá-los, e de fazê-los abrir a boca, na qual derramavam chumbo fundido que lhes queimava as entranhas: e eis o fogo, eis o suplício do qual falava o galileu. *Esse pecado* (diz ele amiúde) *merece ser punido pela tortura do fogo*, quer dizer, o infrator deve ser queimado no vale da Geena, ou ser lançado no monturo de lixo, e queimado com os cadáveres dos animais que eram jogados nesse local. Todavia, a palavra eterno, da qual Jesus serve-se amiúde falando desse fogo, não reconduz à opinião daqueles que creem que as chamas do inferno nunca terão fim? Não, sem dúvida. Essa palavra eterno, com frequência empregada na Escritura, nunca, entretanto, nos deu a ideia senão de coisas finitas. Deus havia feito com seu povo uma aliança eterna; e, contudo, essa aliança cessou. As cidades de Sodoma e Gomorra deviam queimar eternamente; e, no entanto, faz muito tempo que esse incêndio cessou. Por sinal, é de notoriedade pública que o fogo existia no vale da Geena, próximo a Jerusalém, ardia noite e dia. Também sabemos que a Escritura serve-se

---

[1] "Ali haverá choro e ranger de dentes."

amiúde de hipérboles, e que nunca devemos tomar ao pé da letra o que ela diz. É preciso, devido a esses exageros, deturpar, como se o faz, o verdadeiro sentido das coisas? E não são verdadeiramente tais amplificadores que devem ser vistos como os inimigos mais certos do bom senso e da razão?

Mas de que natureza é, portanto, esse fogo do qual nos ameaçam? 1º Ele não pode ser corpóreo, pois que nos dizem que nosso fogo é apenas uma fraca imagem dele. 2º Um fogo corpóreo ilumina o local onde ele se encontra, e asseguram-nos que o inferno é um lugar de trevas. 3º O fogo corpóreo consome rapidamente todas as matérias combustíveis, e acaba por se consumir, enquanto o fogo do inferno deve durar sempre e consumir eternamente. 4º O fogo do inferno é invisível: ele não é corpóreo, pois é invisível. 5º O fogo corpóreo extingue-se por falta de alimentos, e o fogo do inferno, segundo nossa absurda religião, nunca se apagará. 6º O fogo do inferno é eterno, e o fogo corpóreo é apenas momentâneo. 7º Diz-se que a privação de Deus será o maior dos suplícios para os danados; entretanto, experimentamos nessa vida que o fogo corpóreo é para nós um suplício muito maior que a ausência de Deus. 8º Enfim, um fogo corpóreo não poderia agir sobre os espíritos! Ora, os demônios são espíritos: assim, o fogo do inferno não poderia agir sobre eles. Dizer que Deus pode fazer com que um fogo material aja sobre espíritos, que ele fará com que esses espíritos vivam e subsistam sem alimentos, e que ele fará durar o fogo sem matérias combustíveis, é recorrer a suposições maravilhosas, que terão por garantia apenas os estúpidos devaneios dos teólogos, e que, por consequência, só provam sua estupidez ou sua maldade.

Concluir que tudo é possível a Deus, que Deus fará tudo o que é possível, é sem dúvida uma estranha maneira de raciocinar. Os homens deveriam evitar fundar seus devaneios sobre a onipotência de Deus, quando sequer sabem o que é Deus. Para se furtarem a essas dificuldades, outros teólogos asseguram-nos que o fogo do inferno não é corpóreo, mas espiritual. O que é, rogo-vos, um fogo que não é matéria? Que ideias podem fazer disso aqueles que nos falam desse assunto? Em que lugar Deus declarou-lhes qual era a natureza desse fogo? Entretanto, alguns doutores, para conciliar as coisas, disseram que ele era em parte espiritual e em parte material. Assim, eis dois fogos de diferente espécie no inferno: que absurdo! A que a superstição é obrigada a recorrer quando quer estabelecer suas mentiras!

É inaudito o amontoado de opiniões ridículas que foi preciso inventar quando se quis estabelecer algo de verossímil com respeito à localização desse fabuloso inferno. O sentimento mais geral era que ele se localizava nas regiões mais baixas da terra: no entanto, onde são, rogo-vos, essas regiões, num globo que gira sobre si mesmo? Outros disseram que ele se encontrava no centro da Terra, quer dizer, a mil e quinhentas léguas de nós. Todavia, se a Escritura tem razão, a Terra será destruída: e se ela o for, onde ficará o inferno? Podeis ver a que delírio somos conduzidos quando nos repor tamos aos desvios do espírito dos outros. Argumentadores menos extravagantes sustentam, como acabo de dizer-vos, que o inferno consistia na privação da visão de Deus; neste caso, o inferno começa já neste mundo, pois não vemos aqui esse Deus do qual se trata: contudo, não ficamos muito aflitos por isso, e se de fato esse Deus bizarro existisse, conforme no-lo pintam, não duvidemos de que seria apenas para vê-lo que o inferno existiria para os homens!

Todas essas incertezas e a pequena concordância que subsiste entre os teólogos, fazem-vos ver que eles erram nas trevas, e que, como as pessoas inebriadas, não podem encontrar ponto de apoio; e não é, contudo, bem surpreendente que eles não possam concordar quanto a um dogma tão essencial, e que eles acham, dizem, tão claramente explicado na palavra de Deus?

Convinde, portanto, canalha tonsurada, que esse dogma tão temível é destituído de fundamento, que ele é o produto de vossa avareza, de vossa ambição, e filho dos desvios de vosso espírito; que ele só tem por ponto de apoio os temores do vulgar imbecil a quem ensinais a receber, sem exame, tudo o que vos apraz dizer-lhe. Reconhecei, enfim, que esse inferno só existe em vosso cérebro, e que os tormentos que se suporta são as inquietudes com as quais vós vos aprazeis em oprimir os mortais que se deixam guiar por vós. Penetrados desses princípios, renunciemos para sempre a uma doutrina pavorosa para os homens, injuriosa para a Divindade, e que nada, em resumo, pode razoavelmente provar ao espírito.

Diferentes argumentos ainda se oferecem; creio-me obrigado a combatê-los.

1º O temor, dizem, que todo homem experimenta, dentro de si mesmo, de algum castigo futuro, é uma prova indubitável da realidade desse castigo. Mas esse temor não é absolutamente inato, ele só vem da educação; não é o mesmo em todos os países, nem em todos os homens; não existe entre aqueles cujas paixões aniquilam todos os preconceitos; a consciência, em poucas palavras, só é modificada pelo hábito.

2º Os pagãos admitiram o dogma do inferno... Não como nós, decerto; e a supor que o tenham admitido, pois que rejeitamos sua religião, não devemos rejeitar igualmente seus dogmas? Contudo, é verdade, nunca os pagãos acreditaram na eternidade das penas da outra vida; nunca admitiram a fábula deplorável da ressurreição dos corpos, e eis por que eles os queimavam, e conservavam suas cinzas n as urnas. Acreditavam na metempsicose, na transmigração dos corpos, opinião muito verossímil, e a qual todos os estudos da natureza nos confirmam; mas nunca os pagãos acreditaram na ressurreição: essa ideia absurda pertence inteiramente ao cristianismo, e, é verdade, ela era bem digna dele. Parece certo que foi em Platão e em Virgílio que nossos doutores buscaram as noções do inferno, do paraíso e do purgatório, que, em seguida, arrumaram à sua maneira: com o tempo, os delírios informes da imaginação dos poetas transformaram-se em dogmas.

3º A razão sã prova o dogma do inferno e da eternidade das penas: Deus é justo, ele deve, portanto, punir os crimes dos homens... Não, não, nunca a razão sã pôde admitir um dogma que a ultrajasse tão sensivelmente.

4º Mas a justiça de Deus está comprometida aí... Outra atrocidade: o mal é necessário sobre a terra; é da justiça de vosso Deus, se ele existe, não punir o que ele próprio prescreveu. Se vosso Deus é todo-poderoso, precisava ele punir o mal para impedi-lo? Não podia ele extirpá-lo totalmente dos homens? Se não o fez é que acreditou ser ele essencial à manutenção do equilíbrio; e, dessa forma, como podeis dizer, vis blasfemadores, que Deus pode punir um modo essencial às leis do universo?

5º Todos os teólogos concordam em crer e pregar as penas do inferno... Isso só prova que os padres, tão desunidos entre si, entendem-se, no entanto, todas as vezes que se trata de enganar os homens. Por sinal, os delírios ambiciosos e interessados dos padres romanos devem fixar as opiniões das outras seitas? É razoável exigir que todos os homens creiam no que aprouve aos mais desprezíveis e ao menor número dentre eles inventar? Devemos, então, reportar-nos a esses pérfidos em vez de à razão, ao bom senso e à verdade? Devemos seguir a verdade, e não a multidão: seria bem melhor reportar-se a um único homem que diz a verdade do que aos homens de todas as idades que dizem mentiram.

Os outros argumentos que se apresentam trazem todos um tal caráter de fraqueza que é perder tempo tentar refutá-los. Todos esses argumentos, não estando apoiados nem sobre a Escritura, nem sobre a tradição, devem necessariamente desmoronar por si mesmos. Alegam-nos o consentimento unânime: pode-se fazê-lo quando não existem dois homens que raciocinem da mesma maneira quanto a uma das coisas que, no entanto, parece a mais importante da vida?

Por falta de boas razões, todos esses *croque-Dieu*[2] ameaçam-vos; mas faz muito tempo que sabemos que a ameaça é a arma do fraco e da simplicidade. Necessitamos de razões, imbecis filhos de Jesus, sim, são razões, e não ameaças. Não queremos que vós nos digais: *Sentireis esses tormentos, pois que não quereis crê-los*; queremos, e é o que não podeis explicar, que nos demonstreis em virtude de que pretendeis que acreditemos neles.

O temor do inferno, em resumo, não é um preservativo contra o pecado... Ele não está de fato indicado em nenhum lugar... ele só é — visivelmente — o fruto da imaginação perturbada dos padres, quer dizer, dos indivíduos que formam a classe mais vil e mais perversa da sociedade... Para que serve ela então? Desafio que se me possa dizê-lo. Asseguram-nos que o pecado é uma ofensa infinita, e deve ser, por consequência, infinitamente punido; contudo, o próprio Deus não quis ligar a ele senão um castigo finito, e esse castigo é a morte.

Concluamos, de acordo com tudo isso, que o dogma pueril do inferno é uma invenção dos padres, uma suposição cruel, temerária por bandalhos de cabeção, que começaram por erigir um Deus assaz medíocre, tão desprezível quanto eles, para ter o direito de fazer dizer por esse asqueroso ídolo tudo o que podia melhor adular suas paixões, e proporcionar-lhes sobretudo moças e dinheiro, únicos objetos da ambição de um monte de preguiçosos, vil refugio da sociedade, do qual ela deveria purgar-se radicalmente, o que seria o mais sábio a fazer.

Bani, então, de vossos corações, para sempre, uma doutrina que contradiz do mesmo modo vosso Deus e vossa razão. Tal é incontestavelmente o dogma que mais produziu ateus sobre a terra, não existindo sequer um

---

[2] Papa-missas, beatos e carolas que enganam em nome de Deus.

homem que não prefira crer em nada do que adotar um amontoado de mentiras tão perigosas; eis porque tantas almas honestas e sensíveis creem-se obrigadas a buscar na irreligião absoluta consolações e recursos contra os terrores com os quais a infame doutrina cristã esforça-se em oprimi-los. Libertemo-nos, assim, desses vãos pavores; pisoteemos para sempre os dogmas, as cerimônias, os mistérios dessa abominável religião. O ateísmo mais enraizado vale mais do que um culto cujos perigos acabamos de ver. Não sei qual inconveniente pode existir nele a não crer em absolutamente nada; todavia, com certeza, percebo muito bem tudo o que pode nascer da adoção desses perigosos sistemas.

COLEÇÃO DE BOLSO HEDRA

1. *Iracema*, Alencar
2. *Don Juan*, Molière
3. *Contos indianos*, Mallarmé
4. *Auto da barca do Inferno*, Gil Vicente
5. *Poemas completos de Alberto Caeiro*, Pessoa
6. *Triunfos*, Petrarca
7. *A cidade e as serras*, Eça
8. *O retrato de Dorian Gray*, Wilde
9. *A história trágica do Doutor Fausto*, Marlowe
10. *Os sofrimentos do jovem Werther*, Goethe
11. *Dos novos sistemas na arte*, Maliévitch
12. *Mensagem*, Pessoa
13. *Metamorfoses*, Ovídio
14. *Micromegas e outros contos*, Voltaire
15. *O sobrinho de Rameau*, Diderot
16. *Carta sobre a tolerância*, Locke
17. *Discursos ímpios*, Sade
18. *O príncipe*, Maquiavel
19. *Dao De Jing*, Laozi
20. *O fim do ciúme e outros contos*, Proust
21. *Pequenos poemas em prosa*, Baudelaire
22. *Fé e saber*, Hegel
23. *Joana d'Arc*, Michelet
24. *Livro dos mandamentos: 248 preceitos positivos*, Maimônides
25. *O indivíduo, a sociedade e o Estado, e outros ensaios*, Emma Goldman
26. *Eu acuso!*, Zola — *O processo do capitão Dreyfus*, Rui Barbosa
27. *Apologia de Galileu*, Campanella
28. *Sobre verdade e mentira*, Nietzsche
29. *O princípio anarquista e outros ensaios*, Kropotkin
30. *Os sovietes traídos pelos bolcheviques*, Rocker
31. *Poemas*, Byron
32. *Sonetos*, Shakespeare
33. *A vida é sonho*, Calderón
34. *Escritos revolucionários*, Malatesta
35. *Sagas*, Strindberg
36. *O mundo ou tratado da luz*, Descartes
37. *O Ateneu*, Raul Pompeia
38. *Fábula de Polifemo e Galateia e outros poemas*, Góngora
39. *A vênus das peles*, Sacher-Masoch
40. *Escritos sobre arte*, Baudelaire
41. *Cântico dos cânticos*, [Salomão]
42. *Americanismo e fordismo*, Gramsci
43. *O princípio do Estado e outros ensaios*, Bakunin
44. *O gato preto e outros contos*, Poe
45. *História da província Santa Cruz*, Gandavo
46. *Balada dos enforcados e outros poemas*, Villon
47. *Sátiras, fábulas, aforismos e profecias*, Da Vinci
48. *O cego e outros contos*, D.H. Lawrence

49. *Rashômon e outros contos*, Akutagawa
50. *História da anarquia (vol. 1)*, Max Nettlau
51. *Imitação de Cristo*, Tomás de Kempis
52. *O casamento do Céu e do Inferno*, Blake
53. *Cartas a favor da escravidão*, Alencar
54. *Utopia Brasil*, Darcy Ribeiro
55. *Flossie, a Vênus de quinze anos*, [Swinburne]
56. *Teleny, ou o reverso da medalha*, [Wilde et al.]
57. *A filosofia na era trágica dos gregos*, Nietzsche
58. *No coração das trevas*, Conrad
59. *Viagem sentimental*, Sterne
60. *Arcana Cœlestia e Apocalipsis revelata*, Swedenborg
61. *Saga dos Volsungos*, Anônimo do séc. XIII
62. *Um anarquista e outros contos*, Conrad
63. *A monadologia e outros textos*, Leibniz
64. *Cultura estética e liberdade*, Schiller
65. *A pele do lobo e outras peças*, Artur Azevedo
66. *Poesia basca: das origens à Guerra Civil*
67. *Poesia catalã: das origens à Guerra Civil*
68. *Poesia espanhola: das origens à Guerra Civil*
69. *Poesia galega: das origens à Guerra Civil*
70. *O chamado de Cthulhu e outros contos*, H.P. Lovecraft
71. *O pequeno Zacarias, chamado Cinábrio*, E.T.A. Hoffmann
72. *Tratados da terra e gente do Brasil*, Fernão Cardim
73. *Entre camponeses*, Malatesta
74. *O Rabi de Bacherach*, Heine
75. *Bom Crioulo*, Adolfo Caminha
76. *Um gato indiscreto e outros contos*, Saki
77. *Viagem em volta do meu quarto*, Xavier de Maistre
78. *Hawthorne e seus musgos*, Melville
79. *A metamorfose*, Kafka
80. *Ode ao Vento Oeste e outros poemas*, Shelley
81. *Oração aos moços*, Rui Barbosa
82. *Feitiço de amor e outros contos*, Ludwig Tieck
83. *O corno de si próprio e outros contos*, Sade
84. *Investigação sobre o entendimento humano*, Hume
85. *Sobre os sonhos e outros diálogos*, Borges — Osvaldo Ferrari
86. *Sobre a filosofia e outros diálogos*, Borges — Osvaldo Ferrari
87. *Sobre a amizade e outros diálogos*, Borges — Osvaldo Ferrari
88. *A voz dos botequins e outros poemas*, Verlaine
89. *Gente de Hemsö*, Strindberg
90. *Senhorita Júlia e outras peças*, Strindberg
91. *Correspondência*, Goethe — Schiller
92. *Índice das coisas mais notáveis*, Vieira
93. *Tratado descritivo do Brasil em 1587*, Gabriel Soares de Sousa
94. *Poemas da cabana montanhesa*, Saigyō
95. *Autobiografia de uma pulga*, [Stanislas de Rhodes]
96. *A volta do parafuso*, Henry James
97. *Ode sobre a melancolia e outros poemas*, Keats
98. *Teatro de êxtase*, Pessoa
99. *Carmilla — A vampira de Karnstein*, Sheridan Le Fanu

100. *Pensamento político de Maquiavel*, Fichte
101. *Inferno*, Strindberg
102. *Contos clássicos de vampiro*, Byron, Stoker e outros
103. *O primeiro Hamlet*, Shakespeare
104. *Noites egípcias e outros contos*, Púchkin
105. *A carteira de meu tio*, Macedo
106. *O desertor*, Silva Alvarenga
107. *Jerusalém*, Blake
108. *As bacantes*, Eurípides
109. *Emília Galotti*, Lessing
110. *Contos húngaros*, Kosztolányi, Karinthy, Csáth e Krúdy
111. *A sombra de Innsmouth*, H.P. Lovecraft
112. *Viagem aos Estados Unidos*, Tocqueville
113. *Émile e Sophie ou os solitários*, Rousseau
114. *Manifesto comunista*, Marx e Engels
115. *A fábrica de robôs*, Karel Tchápek
116. *Sobre a filosofia e seu método — Parerga e paralipomena (v. II, t. I)*, Schopenhauer
117. *O novo Epicuro: as delícias do sexo*, Edward Sellon
118. *Revolução e liberdade: cartas de 1845 a 1875*, Bakunin
119. *Sobre a liberdade*, Mill
120. *A velha Izerguil e outros contos*, Górki
121. *Pequeno-burgueses*, Górki
122. *Um sussurro nas trevas*, H.P. Lovecraft
123. *Primeiro livro dos Amores*, Ovídio
124. *Educação e sociologia*, Durkheim
125. *Elixir do pajé — poemas de humor, sátira e escatologia*, Bernardo Guimarães
126. *A nostálgica e outros contos*, Papadiamántis
127. *Lisístrata*, Aristófanes
128. *A cruzada das crianças/ Vidas imaginárias*, Marcel Schwob
129. *O livro de Monelle*, Marcel Schwob
130. *A última folha e outros contos*, O. Henry
131. *Romanceiro cigano*, Lorca
132. *Sobre o riso e a loucura*, [Hipócrates]
133. *Hino a Afrodite e outros poemas*, Safo de Lesbos
134. *Anarquia pela educação*, Élisée Reclus
135. *Ernestine ou o nascimento do amor*, Stendhal
136. *A cor que caiu do espaço*, H.P. Lovecraft
137. *Odisseia*, Homero
138. *O estranho caso do Dr. Jekyll e Mr. Hyde*, Stevenson
139. *História da anarquia (vol. 2)*, Max Nettlau
140. *Eu*, Augusto dos Anjos
141. *Farsa de Inês Pereira*, Gil Vicente
142. *Sobre a ética — Parerga e paralipomena (v. II, t. II)*, Schopenhauer
143. *Contos de amor, de loucura e de morte*, Horacio Quiroga
144. *Memórias do subsolo*, Dostoiévski
145. *A arte da guerra*, Maquiavel

Edição	Jorge Sallum
Coedição	Bruno Costa e Iuri Pereira
Capa e projeto gráfico	Júlio Dui e Renan Costa Lima
Programação em LaTeX	Marcelo Freitas
Revisão	André Fernandes e Bruno Costa
Assistência editorial	André Fernandes Bruno Oliveira e Pedro Augusto
Colofão	Adverte-se aos curiosos que se imprimiu esta obra em nossas oficinas em 10 de maio de 2013, em papel off-set 90 g/m^2, composta em tipologia Minion Pro, em GNU/Linux (Gentoo, Sabayon e Ubuntu), com os softwares livres LaTeX, DeTeX, VIM, Evince, Pdftk, Aspell, SVN e TRAC.